CATLINS 6

Im wilden Südwesten beherrschen Seelöwen und Pinguine die Strände.

Tipp: Den Leuchtturm von Nugget Point abends vom Uferpfad aus fotografieren

➤ S. 106, Die Südinsel

GLETSCHER IM REGENWALD 7

Der Franz-Josef-Gletscher und der Fox Glacier bahnen sich ihren Weg durch dichte Vegetation.

➤ S. 122, 124, Die Südinsel

ABEL TASMAN NATIONAL PARK 8

Zu Fuß oder per Kajak: goldene Strände, dichtes Grün, türkisblaues Meer, keine einzige Straße

➤ S. 131, Die Südinsel

STEWART ISLAND 9

Kurz vorm „Ende der Welt" huschen Kiwis durch unberührte Natur.

Tipp: Den blutroten Sonnenaufgang auf der Insel „des glühenden Himmels" in der Halfmoon Bay festhalten.

➤ S. 106, Die Südinsel

MILFORD SOUND 10

Über 1500 m ragt der majestätische Mitre Peak am Fjordufer in den Himmel.

Tipp: Morgens am Milford Sound Pier abdrücken, wenn noch keine Touristen da sind und die ersten Sonnenstrahlen am Mitre Peak durch die Wolken brechen

➤ S. 112, Die Südinsel

INHALT

NEU SEE LAND

Reisen mit MARCO POLO Insider-Tipps

MARCO POLO TOP-HIGHLIGHTS

HAURAKI GULF 1

Goldene Sandstrände und hellblaues Meer: Leg ab nach Waiheke oder Great Barrier Island, und fühl dich Lichtjahre von Auckland entfernt.

➤ S. 56, Die Nordinsel

NINETY MILE BEACH 2

Strand ohne Ende: 55 Meilen (keine 90!) erstreckt sich der Surfstrand von Ahipara bis Scott Point im Northland. Abends versinkt die Sonne knallrot im Meer.

➤ S. 50, Die Nordinsel

COROMANDEL PENINSULA 3

Die Halbinsel der „Wow"-Strände ist ideal zum Beach-Hopping, Kajakfahren und Surfen (Foto).

Tipp: Von Hahei über den Küstenweg zur Höhle von Cathedral Cove wandern und den Strand eingerahmt von den Felswänden der Höhle fotografieren. Die besten Bilder gelingen bei Ebbe.

➤ S. 57, Die Nordinsel

TONGARIRO ALPINE CROSSING 4

Qualmende Krater und schwarze Lavafelsen: eine der besten Tagestouren der Welt

Tipp: Die Emerald Lakes, drei Kraterseen in 1700 m Höhe mit smaragdgrünem Wasser. Besonders beeindruckend wirken sie, wenn du sie aus der Vogelperspektive fotografierst.

➤ S. 72, Die Nordinsel

TE PAPA TONGAREWA 5

Erdbeben inklusive: Von diesem interaktiven Nationalmuseum kriegt man nicht genug.

➤ S. 80, Die Nordinsel

MARCO POLO TOP-HIGHLIGHTS

DAS BESTE ZUERST

SO TICKT NEUSEELAND

ESSEN, SHOPPEN, SPORT

MARCO POLO REGIONEN

ERLEBNISTOUREN

GUT ZU WISSEN

Besuch planen
€–€€€ Preiskategorien
(*) Kostenpflichtige Telefonnummer
Essen/Trinken
Shoppen
Ausgehen
Top-Strände

(A2) Herausnehmbare Faltkarte
(0) Außerhalb des Faltkartenausschnitts

BESSER PLANEN MEHR ERLEBEN!

Digitale Extras
go.marcopolo.de/app/neu

MARCO POLO

DIGITALE EXTRAS

DIGITAL NOCH MEHR ERLEBEN

Schneller in Urlaubslaune kommen.

Perfekt organisiert sein – vor, während und nach dem Urlaub.

Mit der MARCO POLO Touren-App und unseren digitalen Angeboten.

Noch mehr Trendziele, Inspiration und aktuelle Infos findest du auf **marcopolo.de**

SO EINFACH GEHT'S

1. Website besuchen
2. Die digitale Welt von MARCO POLO entdecken
3. App runterladen und ab in den Urlaub

Alle Infos zum digitalen Angebot unter **marcopolo.de/app**

DAS BESTE ZUERST

Mount Taranaki: Der launische Vulkan hüllt seinen Gipfel gern mal in Wolken

BEST OF

BEI REGEN

SCHÖN, AUCH WENN ES REGNET

AUSFLUG IN DIE UNTERWELT
In den *Waitomo Glowworm Caves* (Foto) bringt der grün glitzernde Glanz Tausender Glühwürmchen Licht ins Dunkel. Gleit auf einem Boot durch die Grotte oder seil dich bei einer *Lost World Tour* tief in den Untergrund ab.
➤ S. 68, Die Nordinsel

BLICK IN DIE VERGANGENHEIT
Wie hart das Leben der ersten Siedler in Neuseeland war, zeigt das *Toitu Otago Settlers Museum* in Dunedin, wo einen u. a. die ersten Goldgräber und Schafzüchter von Hunderten alten Gemälden anstarren.
➤ S. 100, Die Südinsel

IM REICH DER FANTASIE
Erleb bei einer Tour durch die *Weta-Workshop-Studios* in Wellington, wie in „Der Hobbit" oder „Der Herr der Ringe" der Realität mit Special Effects auf die Sprünge geholfen wird.
➤ S. 83, Die Nordinsel

EIN TAG AM SÜDPOL
Im *International Antarctic Centre* bei Christchurch trotzst du einem Indoor-Schneesturm, siehst Pinguine durch den Schnee watscheln oder gehst im 3-D-Kino auf eine Reise zum Südpol.
➤ S. 95, Die Südinsel

HISTORISCHE KINOS
Es gibt in Neuseeland Kinos, die aus der Zeit stammen, als die Menschen noch „We're going to the pictures" sagten. Elegante Art-déco-Paläste der 1930er-Jahre mit roten Plüschsitzen und filmreifen Fassaden wie das *Rialto* in Dunedin oder das *Regent* in Hokitika.
➤ S. 103, 126, Die Südinsel

HEISSES WASSER IM POOL
Queenstowns Bergwelt genießt du an Regentagen am besten im warm blubbernden Gebirgswasser der *Onsen Hot Pools* auf den Felsklippen oberhalb des Shotover Rivers.
➤ S. 117, Die Südinsel

BEST OF LOW-BUDGET

FÜR DEN KLEINEN GELDBEUTEL

KOSTENLOSE PFLANZENKUNDE

Der perfekte Ort, um die Flora Aotearoas kennenzulernen, sind die *New Zealand Gardens* in den *Botanic Gardens* in Christchurch. Der Eintritt ist frei.

➤ S. 94, Die Südinsel

KREATIVER MIKROKOSMOS

Das *Dog With Two Tails* ist eine Café-Bar in Dunedin, wo regelmäßig Newcomer-Bands ganz kostenlos auftreten. Von Surf-Pop bis Jazz ist alles dabei. Beste Unterhaltung zum Preis eines Biers!

➤ S. 103, Die Südinsel

FLIPPER FOR FREE

Wer kein Geld für teure Bootstouren ausgeben und Delfinen lieber beim Schwimmen begegnen möchte, steuert die *Porpoise Bay* in den Catlins an. Dort wimmelt es vor Hektordelfinen, die mit euch durch die Brandung springen.

➤ S. 106, Die Südinsel

AOTEAROAS VIELE FACETTEN

Das *Te Papa Tongarewa* (Foto) in Wellington zeigt, was Neuseeland ausmacht. Das Nationalmuseum der Kiwis kostet keinen Eintritt und lockt mit tollen Erlebnissen wie z. B. einem simulierten Erdbeben.

➤ S. 80, Die Nordinsel

KINO – UMSONST AM STRAND

In Takapuna, einem Viertel im Norden Aucklands, werden Januar bis Februar bei den *Takapuna Movie Nights* gratis Filme am weißen Sandstrand gezeigt.

➤ S. 56, Die Nordinsel

GELEBTE DEMOKRATIE

Frauenwahlrecht seit 1893 und eine Ministerpräsidentin, die während ihrer Amtszeit ein Baby bekommt: Mehr über Neuseelands fortschrittliche Demokratie erfährst du bei einer kostenlosen Tour durch die *Parlamentsgebäude* von Wellington.

➤ S. 81, Die Nordinsel

BEST OF

MIT KINDERN

SPANNENDES FÜR GROSS & KLEIN

ORIGINELL HAUSEN
Richtig Eindruck schinden könnt ihr bei euren Kindern, wenn ihr Übernachtungen in ungewöhnlichen Unterkünften bucht. In *Woodlyn Park* nahe der Waitomo Glowworm Caves übernachtet ihr in einem alten Ausflugsdampfer, der dort auf dem Trockenen liegt. Eine Höhlenwohnung wie aus „Der Hobbit" gibt's auch.
➤ S. 69, Die Nordinsel

TOILETTEN-TALK
Auf dem größten Spielplatz der Südhalbkugel, dem *Margaret Mahy Playground* in Christchurch, können Kinder Trampolin springen, Seilbahn fahren oder durch Wasserfontänen hüpfen. Es gibt sogar sprechende Toiletten!
➤ S. 95, Die Südinsel

SURF DIE DÜNE!
Das perfekte Motiv fürs Fotoalbum: Wenn sich die ganze Familie zusammen auf Boogie Boards bis zu 100 m hohe Dünen hinunterstürzt. In der Wüstenlandschaft in *Te Paki* am Cape Reinga (Foto) sind die Bedingungen dafür ideal.
➤ S. 50, Die Nordinsel

TROCKEN UNTER WASSER
Was verbirgt sich alles im Pazifik? In *Kelly Tarlton's Sealife Aquarium* führen Tunnel aus Plexiglas durch Aquarien mit 1500 Meerestieren, inklusive Haien und Schildkröten. In der Antarktis-Abteilung watscheln sogar Pinguine vom Südpol durch den Schnee.
➤ S. 55, Die Nordinsel

ZUM PIEPEN
Kiwis zeigen sich selten in freier Wildbahn. Im *Kiwi House* in der kleinen Ortschaft Otorohanga aber kriegen auch Kinder die scheuen Vögel zu Gesicht. Weil sich dort alles um den Fortbestand der Tiere dreht, sind Kiwi-Küken keine Seltenheit.
➤ S. 68, Die Nordinsel

BEST OF

TYPISCH

DAS ERLEBST DU NUR HIER

KIWIS ZÄHLEN

Die flugunfähigen Vögel mit dem langen Schnabel und der Figur eines Huhns leben nur in Neuseeland. Leider haben ihnen aus Europa eingeschleppte Feinde wie Ratten und Katzen fast den Garaus gemacht. Gute Chancen, das kauzige Nationaltier zu sehen, gibt's auf *Stewart Island*. Dort leben noch zirka 20 000 Kiwis.

➤ S. 107, Die Südinsel

KAURI-GOTT

Alte Gebäude gibt's in Neuseeland kaum zu bewundern, aber dafür den ältesten Kauri-Baum der Welt. 2000 Jahre alt soll *Tane Mahuta*, der 50 m hohe „Gott des Walds" im *Waipoua Kauri Forest*, schon alt sein. Wahnsinn!

➤ S. 49, Die Nordinsel

KRIEGERTÄNZE

Vor jedem Spiel lehrt das neuseeländische Rugbyteam seine Gegner mit einem Kriegertanz das Fürchten (Foto). Der *Haka* ist alte Maori-Tradition und wird im ganzen Land an Schulen und in Sportvereinen zelebriert. Wer es auch mal probieren möchte: Bei den *Haka-Shows* in Rotorua dürfen Zuschauer mit auf die Bühne.

➤ S. 63, Die Nordinsel

EINE WELT VOR UNSERER ZEIT

In Wellingtons *Zealandia*, einem der wenigen Naturschutzgebiete weltweit inmitten einer Stadt, streifst du durch Wälder voll seltener Papageien und bekommst ein Gefühl dafür, wie es in Neuseeland lange vor unserer Zeit ausgesehen haben mag.

➤ S. 82, Die Nordinsel

SOUTHERN GLOW

Aurora australis nennt sich die spektakuläre Lightshow am Himmel der südlichen Hemisphäre, die du mit etwas Glück auf *Stewart Island* zu Gesicht bekommst.

➤ S. 107, Die Südinsel

SO TICKT NEUSEELAND

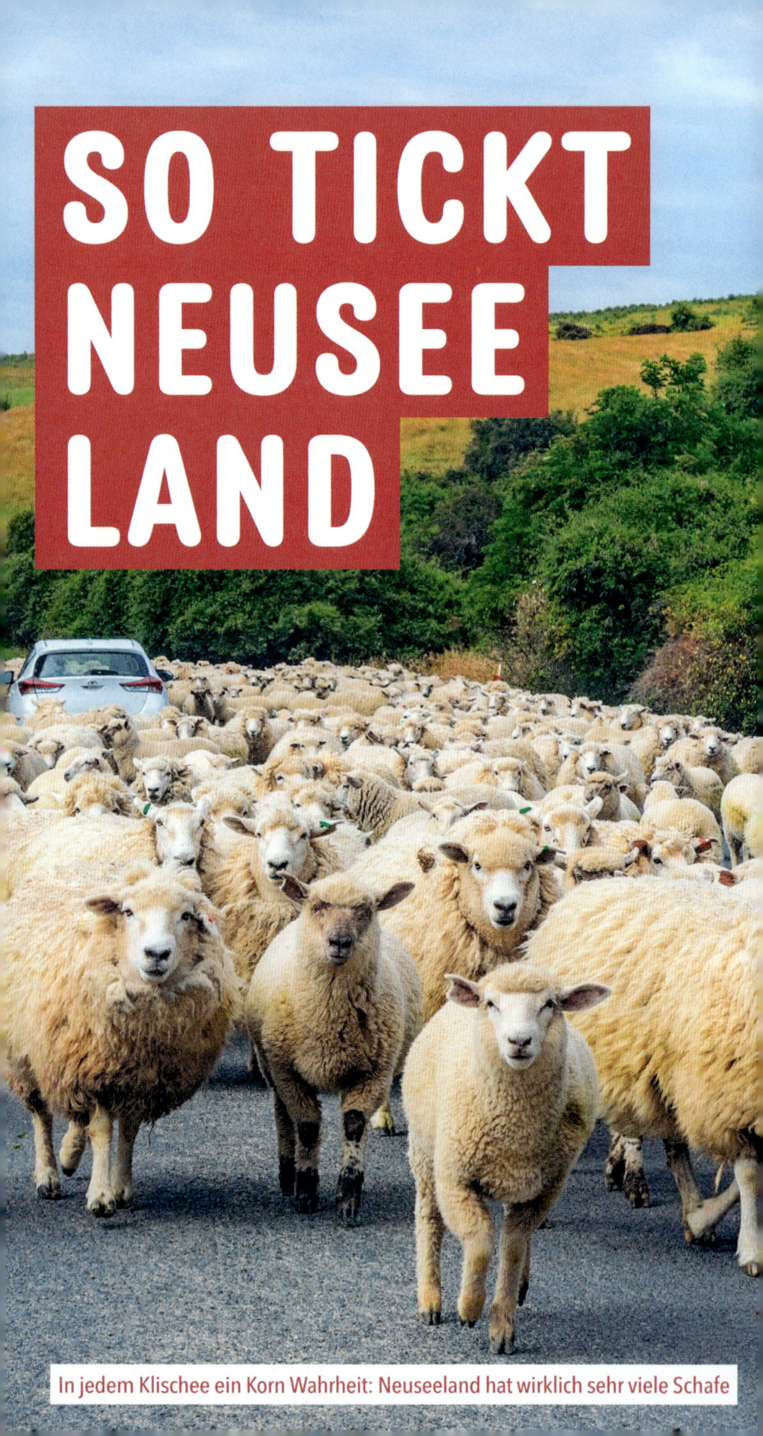

In jedem Klischee ein Korn Wahrheit: Neuseeland hat wirklich sehr viele Schafe

ENTDECKE NEUSEELAND

Wo bienenfleißige Politiker arbeiten: Wellingtons „Beehive" mit Parlamentsgebäude

Am Zipfel des grünen Farnwedels spiegelt sich die Sonne im Tau, dahinter brechen sich Wellen am weißen Sandstrand, und kreischende Seevögel jagen Fische im Meer. Regenwald umrahmt Gletscherzungen, tiefe Fjorde und Seen reflektieren schneebedeckte Gipfel, und Vulkane ragen in den stahlblauen Himmel. Und an manchen Orten brechen rohe Naturgewalten die Erdoberfläche auf.

HINTER JEDER KURVE EINE ANDERE LANDSCHAFT

Neuseeland ist so abwechslungsreich wie ein Europa im Taschenformat, ein kleines Land, das immerhin noch knapp 30 000 km² größer als das Vereinigte Königreich ist, aber mit rd. 5,1 Mio. Einwohnern noch nicht einmal an ein Zehntel der UK-Bevölkerung heranreicht.

ca. 925 Der polynesische Seefahrer Kupe sichtet von seinem Kanu aus die Inseln. Die ersten Polynesier aus dem Südpazifik legen Ende des 13. Jhs. in Aotearoa an

1642 Der Holländer Abel Tasman annektiert Nova Zeelandia für seine Heimat

1769 Der englische Seefahrer James Cook nimmt New Zealand für König George III. in Besitz

1840 Maori und Engländer unterzeichnen das Gründungsdokument Neuseelands, den Vertrag von Waitangi

IDYLLE IN SICHT

Zugegeben, es liegt nicht gerade um die Ecke, und wenn du endlich da bist, wirst du erst mal platt sein. Aber wer die zwei Langstreckenflüge von je ca. 11 Stunden hinter sich hat, wird nach überstandenem Jetlag ein wunderschönes, sicheres und abwechslungsreiches Reiseland finden. Mit ausgezeichnetem touristischen Netzwerk von Unterkünften, unkompliziertem Transport und zig Attraktionen für mehrere Millionen Besucher pro Jahr. Das Land am anderen Ende der Welt ist schon lange kein Geheimtipp mehr – sorry! Und dennoch ist es hier umwerfend schön, auch wenn die Hauptattraktionen zur Hochsaison im neuseeländischen Sommer von Dezember bis Februar rappelvoll sind.

BESTE BEDINGUNGEN FÜR OUTDOOR-SPORT

Egal ob mit Wanderstiefeln, in Flossen oder Snowboardboots – Aktivurlauber dürfen hier richtig Gas geben. Sie können das ganze Land auf dem neuen Te Araroa Walkway abwandern oder mit dem Fahrrad den Great Cycle Track erstrampeln – von Cape Reinga hoch im Norden bis runter in den tiefsten Süden bei Bluff. Neun Great Walks erschließen die Nationalparks und zahllose kürzere Wanderwege viele andere Naturwunder. Viele Neuseeländer selbst sind Naturliebhaber, „going bush" ist also nicht nur für Touristen ein beliebter Zeitvertreib. Für mehr Nervenkitzel stürzt du dich (gut gesichert!) von Brücken, aus dem Flugzeug oder eine Klippe hinunter – es erwarten dich einmalige Aussichten. Das Klima ist gemäßigt europäisch, und die Kiwis – wie sich die Einheimischen selbst nennen – sind freundliche und offene Menschen.

1893 Neuseeland führt als erstes Land der Welt das Wahlrecht für Frauen ein

1986 Neuseeland löst sich politisch und rechtlich von Großbritannien, bleibt aber Teil des Commonwealth

2011 Ein schweres Erdbeben zerstört große Teile Christchurchs

2020 Im März schließt Neuseeland wegen der Coronapandemie seine Grenzen

2022 Touristische Reisen nach Neuseeland sind seit Mai wieder möglich

IN DEN HAUPTROLLEN: BERGE, SEEN, STRÄNDE UND VULKANE

Alles ist recht übersichtlich in Neuseeland: im Osten der Pazifik, im Westen die Tasman Sea und dazwischen Nord- und Südinsel, im Meer drum herum verteilt Hunderte kleinerer Inseln. Im zum Teil subtropischen Norden füllen Ausflüge in Regenwälder, an Strände und Seen, auf Vulkane und grüne Hügel deine Urlaubstage bis zum Bersten. Auf der Südinsel wird's urtümlicher, dort findest du mit Alpen, Gletschern und Fjorden ein unfassbar großes wie vielseitiges Wander- und Bergsteigerparadies. Das Fiordland ist eine der drei Unesco-Weltnaturerbestätten des Lands.

DAS MEER IST NIE FERN

Und dann die Küsten – mehr als 15 000 km sind es zusammengelegt. Nirgendwo in Neuseeland wirst du weiter als 120 km vom Meer entfernt sein; die Sehnsucht nach Salzluft lässt sich von fast überall innerhalb weniger Stunden stillen – mit Surfbrett, Kajak oder Stand-up-Paddle-Board kannst du den Wellen trotzen. Die 44 Meeresschutzgebiete sind übrigens alle „No Take"-Zonen, man darf dort nichts entfernen. Also lass die schönen Muscheln am Strand! Ausgesprochenes Stadtleben gibt es übrigens auch, das beschränkt sich aber auf Auckland, die größte Stadt im Norden der Nordinsel, und die Hauptstadt Wellington am Südzipfel. Christchurch und Dunedin im Süden sind dagegen recht übersichtlich.

EINZIG- UND HAUPTSÄCHLICH ARTIG

Neuseelands Tierwelt ist einmalig. Es gibt Vögel, die lieber laufen als fliegen, nicht nur den Kiwi, der genauso heißt wie die Einwohner. Seltene Delfine spielen mit Surfern in den Wellen, rund um die Inseln tummeln sich Wale, Robben und ungezählte Seevogelarten. Irgendwas Gefährliches? Bis auf Haie Fehlanzeige! Anders als beim ozeanischen Nachbarn Australien erwarten dich in Neuseeland lauter Arten, die meistens absolut harmlos sind und wirklich ganz niedlich aussehen. Okay, ausgenommen vielleicht die gruselige Weta, eine fette Riesenheuschrecke, die dir in Höhlen auf die Schulter plumpsen könnte. Aber sie tut ja nichts.

HIER IST DIE ERDE NOCH JUNG

Neuseeland ist ein geologischer Newbie, eins der jüngsten Länder der Erde. Es hat sich erst vor 80–100 Mio. Jahren vom Superkontinent Gondwana abgespalten. Seine Jugend beschert ihm eins der aktivsten Vulkanfelder der Welt. Es rappelt und rumpelt an diversen Ecken, und Mini-Erdbeben sind an der Tagesordnung. Die Thermalgebiete rund um Rotorua auf der Nordinsel sind durchaus in der Lage, dir den Atem zu nehmen – und nicht nur, weil es dort so stinkt.

MAORI-KULTUR ERLEBEN

In der Gegend bekommt, wer will, auch einen tiefen Einblick in die Kultur der Maori. In den Zeremonialstätten der Maori, den Maraes, könnt ihr etwa ihren

AUF EINEN BLICK

5.100.000
Einwohner

Dänemark: 5.873.000

15.134 km
Küstenlänge

Italien: 7.600 km

268.021 km²
Fläche

Großbritannien: 242.495 km²

HÖCHSTER BERG: MOUNT COOK

3.755 M

Zugspitze: 2.962 m

STEILSTE STRASSE DER WELT: BALDWIN STREET

35 %
STEIGUNG

DIE MEISTEN REGENTAGE IM JAHR: MILFORD SOUND

200

MIT 430 BUNGY-JUMPS IN 24 STUNDEN
schaffte es der Neuseeländer Mike Heard ins Guinness-World-Records-Buch

AUCKLAND

Größte Stadt mit 1,7 Mio. Einwohnern, jeder 3. Neuseeländer lebt dort

BERÜHMTESTE SPORTLER
All Blacks Rugbyteam mit einer Gewinnrate von 78 %

SCHAFE AUF DER SÜDINSEL: 15,4 MIO.
MENSCHEN: 1,5 MIO.

Kriegertanz, den Haka, miterleben. Nach der Maori-Überlieferung taufte die Frau von Kupe, dem sagenumwobenen polynesischen Seefahrer, der Neuseeland als Erster erreicht haben soll, die Inseln „Aotearoa" – Land der langen weißen Wolke, fortan der Maori-Name für ihre (neue) Heimat. Die ersten Einwanderer kamen im 13. Jh. mit ihren Kanus aus dem Südpazifik; heute hat die Kultur der stolzen, nach Schätzungen rund 735 000 Maori einen vergleichsweise hohen Stellenwert im Land. Der Vertrag von Waitangi regelte ab 1840 die Wohngemeinschaft zwischen der Britischen Krone und der einheimischen Bevölkerung.

KEIN REISEZIEL FÜR SPARFÜCHSE

Europäische Siedler hatten im 18. Jh. das grüne, fruchtbare Paradies für sich entdeckt und sofort den wirtschaftlichen Nutzen erkannt. Die Folge: kriegerische Auseinandersetzungen und bis heute umstrittene Besitzansprüche. Ausgerechnet in einem Land, das Platz zur Genüge bietet, ist Grundbesitz traditionell ein Streitpunkt. In Auckland zählen die Grundstücks- und Immobilienpreise zu den höchsten der Welt. Überhaupt sind die Lebenshaltungskosten sehr hoch. Neuseeland ist kein Billigreiseland. Vieles muss den langen Weg ans andere Ende der Welt transportiert werden. Selbst für einheimische Produkte zahlt man vor Ort oft mehr. Wunder dich also nicht, wenn der Sauvignon Blanc aus Marlborough teurer ist als zu Hause. Wein oder Bier trinken die Kiwis übrigens ganz gerne. Man gönnt sich ja sonst nichts. Auch wenn viele bei einem jährlichen Durchschnittseinkommen von rund 58 000 NZ$ (ca. 35 000 Euro) hohe Schulden haben und oft einen Nebenjob brauchen, um irgendwie über die Runden zu kommen.

ENTSCHLOSSEN DURCH DIE PANDEMIE

Politisch gehört Neuseeland nach wie vor zum Commonwealth, die Queen ist repräsentatives Staatsoberhaupt. Das Land regiert sich aber unabhängig von der Krone, viele fordern deshalb auch die komplette Loslösung von Großbritannien. Die Hauptrolle spielt eine andere Frau: Premierministerin Jacinda Ardern. Bei den Parlamentswahlen 2017 gab es einen gravierenden politischen Wechsel, als die damals 37-jährige Sozialdemokratin den konservativen Regierungschef Bill English ablöste. Im Oktober 2020 wurde sie für weitere drei Jahre in ihrem Amt bestätigt. Die Neuseeländer schätzen sie wegen ihrer entschlossenen Haltung während der Coronapandemie. Gleich zu Beginn der Krise schottete sie das Land konsequent vom Rest der Welt ab, um eine Ausbreitung des Virus zu verhindern.

DA GEHT NOCH WAS

Trotz aller Naturliebe der Kiwis fällt das Image vom Clean Green New Zealand leider unter die Rubrik irreführende Werbung. Beim Umweltschutz, insbesondere in Sachen Abwasserentsorgung, Plastikvermeidung und Gewässerschutz, haben die Neuseeländer großen Nachholbedarf. Bei der Versorgung mit erneuerbarem Strom ist man mit fast 90 Prozent aber schon gut dabei. Wasser- und

Neuseelands größte Einwanderergruppe: Schafe. Europäische Siedler brachten sie mit

Windkraft sowie Erdwärme sind die Hauptenergielieferanten. Bis 2050 will Neuseeland sogar CO_2-neutral werden.

DIE ENTDECKUNG DER LANGSAMKEIT

Das Wichtigste bei deiner Reise ans Ende der Welt: Nimm dir Zeit für das Land und die Leute. Slow travel abseits der Hauptattraktionen wird dir das wahre Neuseeland eröffnen. Entlang holpriger Schotterstraßen, das Auto innen und außen mit einer dicken Staubschicht bedeckt, findest du urige Orte, einsame Strände und bodenständige, unkomplizierte, hemdsärmelige Einheimische, die gern ein wenig plaudern und Touristen manchmal zum zünftigen BBQ einladen. Getränke bitte selber mitbringen! BYO – bring your own – gibt es auch in einigen Restaurants. Und bleib lässig! Allzu schick braucht sich hier niemand zu machen, selbst abends nicht. Standardkleidung sind Shorts und Sandalen zu jeder Gelegenheit und Jahreszeit.

DEM HIMMEL EIN STÜCK NÄHERKOMMEN

Neuseeland ist und bleibt ein Reiseziel für aktive Naturfreunde. Aber auch wer nur zuschauen möchte, ist in dem Land bestens aufgehoben – Hauptsache, er oder sie ist draußen an der frischen Luft. Denn die ist vom Feinsten, gibt es hier doch kaum Luftverschmutzung. Das macht den Blick in den Nachthimmel am anderen Ende der Welt zum unschlagbaren Erlebnis. Also: Tief durchatmen! Und dann Kopf in den Nacken und Sternschnuppen zählen!

NEUSEELAND VERSTEHEN

KERNIG

Rugby ist Religion, Institution und Kult – und die Spieler der *All Blacks*, Neuseelands Nationalequipe, sind daheim die absoluten Stars. Im Rugby überragt das kleine Land mit drei Weltmeistertiteln und einem Vizeplatz stolz den Rest der Welt. Und das eben ganz in Schwarz, der Farbe der Kiwi-Athleten bei internationalen Events. So manch fremden Titeltraum haben die „Herren in Schwarz" schon erfolgreich begraben. Ganz sicher liegt das auch dem furchteinflößenden Haka, dem Kriegertanz der Maori, den das Team vor jedem Spiel aufführt.

NUR FLIEGEN IST SCHÖNER

Ist Rugby Kult, so ist Segeln down under schlicht eine Frage der Ehre. Schließlich ist das Land von Ozeanen umgeben und wurde von Seefahrern erschlossen. Auckland nennt sich nicht ohne Grund „City of Sails". Direkt vor der Haustür liegt dort der Hauraki Gulf, eins der besten Segelreviere der Welt, mit optimalen Trainingsbedingungen für Profis wie Freizeitsportler. Erst 2021 gewann das Team New Zealand wieder einmal den *America's Cup*.

NEUSTART AM ENDE DER WELT

Für immer mehr Menschen ist das kleine Neuseeland die Traumheimat. Vor der Coronakrise nahm das Land fast 70 000 neue Einwohner jährlich auf, hauptsächlich aus Asien. 2020 waren es nur noch 6600 und 2021 rund 37 000 Neuankömmlinge. Auckland, die größte Stadt mit gut einem Drittel der Gesamtbevölkerung empfängt den Hauptteil der Neubürger. Hier gibt es zwar die meisten Arbeitsplätze, aber viel zu wenig Wohnraum. Viele alteingesessene Auckländer ziehen deshalb in boomende Städte wie Tauranga oder Whangarei.

BADEN VERBOTEN!

Mehr als die Hälfte von Neuseelands Seen und Flüssen ist nicht zum Baden geeignet. Das Hauptproblem: Kuhmist. Jahrzehntelang konnten Rindviecher tun und lassen, was und wo sie wollten, denn die Milchwirtschaft ist der wichtigste Industriezweig in Neuseeland. Die Folge: überhöhte Nitratwerte in Flüssen und Seen, deshalb sind über die Hälfte aller Süßwasserfische vom Aussterben bedroht. Zudem hat die landesweite Abholzung der uralten Wälder in der Vergangenheit noch heute einen negativen Effekt: Bei starken Regenfällen werden viele Sedimente aus den ungefestigten Böden gewaschen.

ES BRODELT

Es rumpelt, spuckt und blubbert an vielen Ecken. Neuseeland hat eins der aktivsten Vulkanfelder der Welt. Mount Tongariro spuckte 2012 zweimal Schutt und Asche, und sein Nachbar Mount Ruapehu ging 2007 hoch. Auf White Island starben 2019 beim Ausbruch des Whakaari-Vulkans 22 Menschen. In Auckland fragt man sich

Zu den drei aktiven Vulkanen im Tongariro-Nationalpark hältst du besser Abstand

nur noch, wann es wieder hoch hergeht. Wissenschaftler warten dort auf den nächsten Vulkan – aber keine Bange, das kann noch ein paar hundert Jahre dauern. Auf *geonet.org.nz* werden stündlich neue Erdbeben gemeldet, denn das Land liegt nicht nur auf dem Pazifischen Feuerring, sondern zudem auf zwei sich überlappenden Erdplatten – milde formuliert. Ende 2016 erst bebte die Erde in Kaikoura auf der Südinsel. Zwei Menschen starben, und der Ort war lange von der Außenwelt abgeschnitten. Touristen mussten mit Schiffen und Hubschraubern abtransportiert werden – auch eine Art Urlaubserlebnis. In Christchurch siehst du heute noch die Auswirkungen des verheerenden, starken Erdbebens von 2011. Damals kamen 185 Menschen ums Leben.

MEIN LAND, DEIN LAND

Die Gründungsurkunde von Neuseeland ist der Vertrag von Waitangi. Am 6. Februar 1840 unterzeichneten der Generalgouverneur für Neuseeland, William Hobson, und an die 50 Maori Chiefs dieses Dokument, das die Übernahme des Lands durch die englische Krone regelte. Den Maori wurden Rechte an ihrem Eigentum, den kulturellen Schätzen und Schutz durch die britische Hoheitsregierung versprochen. Hörte sich erst mal prima an, aber in der Realität kam es zu heftigen Auseinandersetzungen und unrechtmäßigen Enteignungen der Ureinwohner. Ein weiteres Problem: Es gibt verschiedene Versionen der englischen Übersetzung aus der Maori-Sprache, dem Te Reo. Und den Begriff „Landbesitz" kannten die Maori

Von Seele zu Seele: Mit dem traditionellen Hongi grüßen sich Maori respektvoll und wortlos

damals überhaupt nicht. Die Auslegung des Vertrags führt deshalb noch bis heute zu großen Kontroversen. Seit 1975 versucht das Waitangi Tribunal, fragwürdige Entscheidungen zu regeln. Seitdem sind den Maori große Summen an Entschädigungen gezahlt worden, und staatlicher Boden ist wieder in ihren Besitz übergegangen.

Die Kultur der Maori ist im ganzen Land präsent: ihre Tänze, ihre Riten wie z. B. der Nasenkuss *Hongi* und ihre Sprache. 2018 beschloss das neuseeländische Parlament, dass ab 2025 sämtliche Schulen neben Englisch auch die indigene Maori-Sprache unterrichten werden.

KIWI-KLANGKULTUR

Neuseeländer lieben ihre guten Independent-Bands, die beharrlich durch kleine Clubs touren: etwa die Folksängerin Aldous Harding aus Christchurch (aktuelles Album „Warm Chris"), die beim Singen auf der Straße entdeckt wurde. In Scharen strömen die Kiwis auch zu den Konzerten der siebenköpfigen Kombo Fat Freddy's Drop mit polynesisch-neuseeländischen Wurzeln, wenn die auf einem der vielen Festivals die Natur mit Dub Reggae beschallt. „Young Blood" von der Elektro-Indieband The Naked and Famous aus Auckland, auch in Deutschland ein Hit, läuft in Neuseeland oft in Bars und Cafés. Und die Sängerinnen Lorde (bekannt für ihren Welthit „Royals") und Ladyhawke („Paris Is Burning") beweisen mit ihren innovativen Elektro-Tracks, dass der Sound von morgen auch ganz am Ende der Welt mitgeprägt wird.

WER ODER WAS IST DER KIWI?

Aufgepasst beim Begriff „Kiwi" im Englischen. Der Kiwi an sich ist der Neuseeländer, also „the Kiwi". Dies ist ein gut gemeinter Spitzname, angelehnt an den Namen des etwas plumpen, flugunfähigen Vogels mit dem langen Schnabel, auf Englisch „Kiwi bird". Dann gibt es natürlich noch die Frucht, die „Kiwi fruit". Die ist ursprünglich gar nicht so „Kiwi", sondern stammt aus China und ist die chinesische Stachelbeere.

SÜDSEEFLAIR

Auckland ist die heimliche Hauptstadt Samoas. Hier leben die meisten Samoaner weltweit, fast dreimal so viele wie in der eigenen Hauptstadt Apia. Die sportlichen Jungs aus Samoa kamen nicht nur wegen ihrer Rugbytalente nach Neuseeland, sondern weil sie gut anpacken können. Bis 1962 stand der Südseestaat unter neuseeländischer Regierung und in den 1950ern brauchte Aotearoa viele Arbeiter. Die Samoaner ließen sich hauptsächlich im Süden von Auckland nieder. Und treffen hier heute beim Samstagsmarkt im Stadtteil Otara auf den Rest der Südseegemeinde: Einwanderer aus Fidschi, Tonga und den Cook-Inseln. Wer mal vorbeischauen und der Südsee „Hallo" sagen möchte, ist mit „Talofa", „Bula" und „Mālō e lelei" sprachlich gut vorbereitet.

TEURE HÄUSER

Wohnraum war und ist Mangelware, insbesondere in Auckland, und der Kiwi traditionell stolzer Hausbesitzer. Entsprechend sind die Immobilienprei-

KLISCHEE KISTE

NICHT ZU DICK AUFTRAGEN

Hochnäsigige Möchtegerne sind in Neuseeland verpönt. Am *Tall Poppy Syndrome,* wie diese Wesensart genannt wird, möchte niemand leiden. Die meisten Kiwis geben sich bescheiden und spielen ihre Erfolge gern herunter. Auch Sir Edmund Hillary, der als erster Mensch der Welt den Mount Everest bezwang, prahlte nie mit seinen Rekorden. Denn ursprünglich war er nur ein bescheidener Bienenzüchter.

NICHT OHNE SANDALEN

Männliche Neuseeländer jeder Altersgruppe lieben Shorts und Sandalen. Das ist praktisch, wenn man zwischendurch schnell mal an den Strand will. Oft laufen sie sogar ganz ohne ihre *Jandals* barfuß durch die Straßen, um zu zeigen: „Bei uns die Welt noch in Ordnung – und wir sind einfach extrem lässige Typen."

VERKLEIDEPARTYS

Kostümpartys gibt's viele in Neuseeland. Ganz Napier kleidet sich beim Art-déco-Weekend im 1920er-Jahre-Stil. In Oamaru, Hauptstadt des Steampunk, prägen Menschen in viktorianischen Kostümen nicht nur beim Steampunk-Festival das Bild. In Russell stürzen sich zum Birdman-Festival Bewohner mit Pappflügeln ins Wasser und laufen beim Dragqueen Race um die Wette.

Silberfarn: In natura ist Neuseelands baumhohe Wappenpflanze immer noch am schönsten

se in der Stadt in den vergangenen Jahren auf einen Durchschnittswert von gut 1,5 Mio. NZ$ für ein Haus gestiegen. Immobilien wurden von in- und ausländischen Investoren wie warme Semmeln aufgekauft und mit hohem Profit schnell wieder auf den Markt geworfen. Die Stadt braucht auch wegen der mehr als 50 000 Neuseeländer, die während der Coronakrise aus dem Ausland in ihre Heimat zurückgekehrt sind, wieder mehr Wohnraum, sodass überall munter drauflos gebaut wird. Riesige Verkehrsprobleme und mangelnde Infrastruktur werden erst mal hinten angestellt.

TIERISCH SELTEN

Einzigartige Spezies sind in Neuseeland keine Rarität. Die Hitliste führt die Tuatara an, eine 225 Mio. Jahre alte Brückenechsenart, die es in freier Natur nur noch auf einigen vorgelagerten Inseln gibt. Der seltenste Vogel in Neuseeland ist übrigens nicht der Kiwi, sondern der ebenfalls flugunfähige Takahe mit rund 300 Exemplaren – ein wunderschöner blauer Vogel, den du gut in einigen Schutzgebieten bewundern kannst. Der Superstar unter den fluglahmen Kollegen ist nach wie vor der nachtaktive Kiwi: Mit seinem langen Schnabel und dem flauschigen Federkleid ist er das tierische Wahrzeichen der ganzen Nation. Aufzuchtprogramme haben seine Anzahl auf gut 68 000 anwachsen lassen. Warum er nicht fliegen kann? Bis zur Ankunft des Menschen gab es in Neuseeland keine Raubtiere, sodass es für die Kiwis verschwendete Energie gewesen wäre, in die Luft zu gehen. Damit aber waren die flugunfähigen Vögel einfaches Fressen für die räuberischen Neuankömmlinge und wurden im Lauf der Zeit nahezu ausgerottet. Die Naturschutzbehörde DOC geht den Kampf gegen die eingeführten Nager, besonders das Possum,

systematisch und radikal an: Sie werden gefangen, vergiftet und überfahren. Auch wenn sie putzig aussehen mögen, gilt bei den Neuseeländern: „Only a dead possum is a good possum."

FARNFRAGE

Er schmückt die Trikots der Kiwi-Sportler und ist ein prima Wegweiser im Wald: *Ponga*, *Silver Fern* oder Silberfarn – der große Baumfarn ist die neuseeländische Nationalpflanze. Die Unterseite der Wedel schimmert silbrig, sodass sie nachts den Weg weisen können. Die großen Wedel wurden von den frühen Maori auch als Dächer oder zum Flechten von Matten genutzt. Darüber hinaus findet man auf den Inseln über 200 weitere einzigartige Farne in unterschiedlichsten Größen. Den noch eingerollten jungen Wedel eines Silberfarns nennen die Maori *Koru*. Diese Spirale symbolisiert Neuanfang und Energie. Gut 80 Prozent aller Farne, Bäume und blühenden Pflanzen in Neuseeland gibt es sonst nirgendwo auf der Welt. Die App *Flora Finder* hilft beim Bestimmen.

TOURISMUS IN ZEITEN VON CORONA

Touristen, wo das Auge hinschaut! So sah es zumindest vor der Coronapandemie in Neuseelands touristischen Hotspots aus. In Queenstown etwa bekam man in der Hauptsaison von Januar bis März ohne Vorbuchung meist kein Zimmer mehr. Auch mehrtägige Wanderungen in den Nationalparks wie die Great Walks mussten Monate im Voraus gebucht werden. 2019 kamen 11 Mio. Besucher aus aller Welt nach Neuseeland. Während der Coronapandemie wurde das Land dann zur *sleeping beauty* – und die Kiwis hatten plötzlich alle touristischen Attraktionen für sich allein. Mit den Jetbooten auf dem Shotover-River von Queenstown fuhren beispielsweise plötzlich nur noch 200 statt 1200 Menschen pro Tag. Das alles kann sich jedoch schnell wieder ändern, sobald der Tourismus wieder anzieht. Wer die Massen generell meiden und sich einfach als *freedom camper* in die Büsche schlagen möchte, muss sich dennoch an Regeln halten: Wild campen darfst du nur an gekennzeichneten Stellen, und du solltest Chemieklo und Abwasserentsorgung an Bord haben! Wer beim unerlaubten Campen in freier Natur erwischt wird, muss seit Ende 2021 mit einer Geldstrafe von bis zu 1000 NZ$ rechnen. Da ist man nicht zimperlich! Zu Recht.

ESSEN SHOPPEN SPORT

Wer im Winter reist, findet tolle Panorama-Pisten. Und sehr schicke Outfits

ESSEN & TRINKEN

Neuseeländer im Ausland erkennt man daran, dass sie immer ein Glas Vegemite im Regal stehen haben: einen salzigen Brotaufstrich mit eigenwilligem Geschmack. Willst du Neuseeland mit allen Sinnen erleben, solltest du die braune Paste mal probieren – genau wie Pavlova (Baisertorte mit Kiwi und Schlagsahne) und gegrillte Lamb Chops.

MORGENRITUALE

Den Tag beginnen die Neuseeländer wie die Briten mit einer Tasse Tee mit Milch oder einem Flat White – einem Mix aus Espresso und besonders feinporigem Milchschaum, den ein Barista aus Wellington erfunden hat (die Australier lügen, wenn sie sagen, dass die Idee von ihnen stammt). In Cafés gibt es köstliche Alternativen zum Frühstücksbrot wie Porridge mit Obst und Nüssen, Eggs Benedict mit Avocadoscheiben, Pfannkuchen mit karamellisierten Früchten oder frisch gebackene Scones mit Datteln. Im Trend liegen auch Clean Eating Cafés, die nur Bioprodukte verwenden und auf vegetarische bzw. vegane Speisen (Chiasamenpudding & Co.) setzen. In jeder noch so kleinen Ortschaft gibt es einen Fish-&-Chips-Shop und eine Bäckerei, die Steak-&-Cheese-Pies und Sausage Rolls als Snack für zwischendurch verkauft.

KULINARISCHE SUPERSTARS

Achte auch auf die vielen Weingüter, historischen Pubs und Verkaufsstände entlang deiner Reiseroute. Das größte Weinanbaugebiet Neuseelands ist Marlborough auf der Südinsel. Wenig Regen, kühle Nächte und intensive Sonne am Tag sorgen für besonders fruchtige Trauben. Den puren und frischen Geschmack neuseeländischer Weine schmecken Kenner sofort heraus, wenn man ihnen ein Glas Sauvignon Blanc

Gibt es nur in Neuseeland: Grünlippmuscheln (li.) und Whitebait Patties (re.)

reicht, z. B. Cloudy Bay. Exzellente Tropfen findest du auch auf den vielen Weingütern in Central Otago. Weltberühmt ist der Pinot Noir, dessen Reben in der mineralienhaltigen Erde der Gegend besonders gut gedeihen. An vielen preisgekrönten Sorten kannst du auf dem Weingut *Gibbston Valley* schnüffeln. Auch Chardonnay und Syrah sind Exportschlager aus Neuseeland. Dabei hat der professionelle Weinanbau in Aoteaora gerade erst in den 1980er-Jahren begonnen.

AM STRASSENRAND

Die Gegend rund um Queenstown und Wanaka lohnt sich wegen der vielen Obstplantagen. In Cromwell in Central Otago könnt ihr am Ortseingang erst ein Selfie mit einer riesigen Früchteskulptur aus Pfirsichen und Birnen machen und euch dann mit Steinobst eindecken. An der Bay of Plenty stehen körbeweise Avocados zu Schleuderpreisen am Straßenrand. Jede Gegend hat ihr eigenes Craftbeer (z. B. McLeod's aus Waipu oder Garage Project aus Wellington) und zelebriert lokale Spezialitäten – Austern aus Bluff, Langusten aus Kaikoura. Typisch für neuseeländische Cafés sind auch die Glasvitrinen voller Kuchen, Pies und Salate. Unbedingt mal Lollie Cake, Ginger Squares oder Kumara-Salat probieren! Und natürlich Belgian Biscuits, die vor dem 2. Weltkrieg noch „Deutsch Biscuits" hießen. Sie schmecken nach Zimt und Ingwer und sind mit einer rosa Zuckerglasur überzogen.

GRILLMEISTER

Den Satz „Shall we have a barbie?" („Lust auf ein BBQ?") hört man andauernd in Neuseeland, denn fast jeder hat einen Gasgrill mit den Dimensionen eines DJ-Pults im Garten stehen. Darauf werden Steaks, aber auch Meeresfrüchte gegart. Z. B. frische *Green*

No Snobs: In Neuseeland genießt man lässig, selbst erstklassige Weine

Lipped Mussels aus dem Supermarkt – die größten Miesmuscheln der Welt, die bis zu 17 cm lang werden und nur in Neuseeland vorkommen. Falls dich niemand zum Grillen einlädt: In vielen Parks und sogar auf Spielplätzen gibt's Gasgrills zum Mitbenutzen.
Die meisten Cafés schließen gegen 17 Uhr. Schon kurz darauf füllen sich ab 18 Uhr die Restaurants zum Dinner (und machen oft schon gegen 22 Uhr dicht). In sogenannten BYO-Lokalen (Bring your own) können Bier und Wein selbst mitgebracht werden.

FUSIONKÜCHE

In Pubs stehen meist deftige Gerichte aus der Alten Welt wie Shepherd's Pie oder Lammbraten, aber auch typische Kiwi-Gerichte wie Seafood Chowder und gedämpfte Grünlippmuscheln auf der Karte. Längst prägen aber nicht mehr nur die Essgewohnheiten der ersten europäischen Siedler Neuseelands Küche, sondern kulinarische Einflüsse aus allen Ecken der Welt. Sushi (meist in der XXL-Version) gibt's an jeder Ecke, in vielen Fish-&-Chips-Läden (unbedingt frittierte Jakobsmuscheln probieren!) stehen chinesische Gerichte mit auf der Karte und vor allem in Auckland findest du exzellente indische und asiatische Restaurants.

AUS DEM ERDOFEN

INSIDER-TIPP
Nahrungssuche in der Wildnis

Wie sich die Maori einst ernährt haben, erfährst du bei kulinarischen Streifzügen durch die Wildnis. Etwa bei der *Kai Waho Experience (kaiwaho.co.nz)* mit Maori-Koch Tom Loughlin am Lake Taupo. Die Maori hatten es wirklich schwer, an Nahrung zu kommen. Sie konnten keine Büffel jagen, sondern mussten sich mit Pflanzen, Vögeln und Fischen begnügen. Ihre gesamte Existenz hing davon ab, die Natur lesen zu können. Wie das geht, wissen heute nur noch wenige Nachfahren der ersten Maori, die Besuchern gern zeigen, wie man Aale fängt und Pikopiko, die eingerollten Spitzen des Moku-Farns, zubereitet. In den Geothermalgebieten von Rotorua, in denen die Maori seit Jahrhunderten leben, gibt es zahlreiche Möglichkeiten, Spezialitäten aus dem *Hangi* zu probieren. So nennen sich die traditionellen Erdöfen der Maori, in denen z. B. Süßkartoffeln, Schwein und Kürbis in Flachsblätter eingewickelt über mehrere Stunden über heißen Steinen gegart werden.

Unsere Empfehlung heute

Apéritif

CLOUDY BAY PELORUS
Schaumwein mit frischem Apfelaroma

Vorspeisen

PAUA FRITTERS
Muschelpuffer mit Ei, Zwiebeln, Petersilie und Gartensalat

BLUFF OYSTERS
Frische Austern aus aus dem Foveaux Strait vor Stewart Island

Hauptgerichte

FISH PIE
Auflauf aus geräuchertem Fisch, Eiern und Kartoffelpüree mit knuspriger Käsekruste

WHITEBAIT PATTIES
in der Pfanne mit Ei zu kleinen Omeletts gebratene durchsichtige Fischlarven mit krabbenartigem Geschmack

FISH & CHIPS
aus frischem Blaudorsch-Filet mit Tartare Sauce und Cole Slaw

BEEF, MUSHROOM & RED WINE PIE
Auflauf aus in Rotwein geschmortem Rindfleisch mit Pilzen, serviert mit frischem Gartensalat

Desserts

HOKEY POKEY ICECREAM
Vanilleeis mit karamellisierten Honig-Toffee-Stückchen

PIKELETS
fluffige Minipfannkuchen aus Puderzucker und Ei, serviert mit Schlagsahne und Marmelade

FRIANDS
luftige Mandelküchlein mit Beeren, serviert mit Naturjoghurt

Getränke

L&P (LEMON & PAEROA)
typisch neuseeländische Zitronenlimonade aus Paeroa

PINOT ROSÉ
vom südlichsten Weingut der Welt: Black Ridge in Otago

SHOPPEN & STÖBERN

100 % KIWI FASHION

Sonnenbrille vergessen? Dann kauf dir eine von der neuseeländischen Designerin Karen Walker, die Trendgestelle in allen nur erdenklichen Farben und Formen entwirft. NZ-Sängerin Lorde, Lady Gaga und Debbie Harry gelten als Fans der Marke. Designerin Adrienne Whitewood hat sich der Kunst und Kultur der Maori verschrieben. Ihre Kleider und Taschen mit traditionellen Mustern verkauft sie in ihrer Boutique in Rotorua. Das junge Mode- und Schmucklabel Company of Strangers aus Dunedin lässt sich von Punk- und Rockmusik inspirieren und produziert alle Kollektionsteile in Neuseeland.

STEIN DER GÖTTER

Neuseeländer erkennt man weltweit an ihren Ketten mit Jade-Anhängern. Den Stein der Götter oder *Pounamu,* wie der Greenstone in der Sprache der Maori heißt, darf man sich nicht selbst kaufen, sondern muss ihn geschenkt bekommen. So verlangt es jedenfalls die Tradition. Jade ist deshalb das perfekte Mitbringsel für Freunde und Familie. Typische Maori-Symbole sind der Fischhaken *(Hei Matau)* oder die Spirale *(Koru),* die an einen sich öffnenden Farn erinnert. Pounamu findet man vor allem in den Flüssen rund um Hokitika an der Westküste der Südinsel. Dort sind auch die besten Greenstone-Künstler ansässig.

COOL AM STRAND

Die Sonneneinstrahlung ist extrem in Neuseeland. Deshalb verbringt hier niemand den ganzen Tag nur in Bikini oder Badehose am Strand, sondern wirft sich zwischendurch immer mal wieder ein Kleid oder T-Shirt über z. B. von Surferlabels wie Huffer aus Auckland oder RPM und Lower aus Mount

Jadeanhänger (li.) musst du verschenken. Karen-Walker-Designs darfst du für dich kaufen

Maunganui. Piha Swimwear, benannt nach dem berühmten Surfstrand nahe Auckland, verkauft sogar Badeanzüge mit langen Ärmeln, die besonders gut vor Sonnenbrand schützen.

SCHÖNMACHER AUS DER NATUR

Klare Luft, unberührte Natur und Pflanzen mit einzigartigen Heilkräften: Neuseeland ist der perfekte Ort, um sich mit Naturkosmetik einzudecken. Der Honig des Manuka Tree etwa steckt voller Proteine, Vitamine und Mineralien – und wird deshalb in Gesichtscremes verwendet. Als Superfood für die Haut gilt schwarzer Farn *(Mamaku),* der besonders viel Feuchtigkeit speichern kann. Lotions mit Bienengift *(bee venom)* regen die Kollagenproduktion der Haut an und lassen Falten verschwinden. *Rotorua Mud,* tief aus dem Erdinneren Neuseelands, versorgt die Haut mit Mineralien und lässt sie glatter erscheinen. Zertifizierte Naturkosmetikmarken aus Neuseeland sind Wild Ferns, Living Nature, Moana, Trilogy und Oxygen Skincare.

NSIDER-TIPP
Anti-Aging-Wunder Bienengift

OUTFITS FÜR DIE EINSAMKEIT

Die Auswahl an Outdoor-Kleidung ist riesig in Neuseeland. In den Filialen von Kathmandu etwa gibt's leichte Daunenjacken und Fleecepullover in zig Variationen. Meist sind die Preise kurz nach Weihnachten um die Hälfte reduziert. In den Softshelljacken und Trampingboots von Mac Pac fühlt man sich perfekt ausgestattet für Trips durch die Einsamkeit. Etwas teurer, weil besonders hochwertig, sind die Merinopullover von Glowing Sky von Stewart Island aus Schafswolle, die fair und lokal produziert werden.

SPORT

Der Kiwi an sich ist sportverrückt, und das kann ansteckend sein. Stürz dich mit dem Wasserspielzeug deiner Wahl in die Fluten, erklimm Berge oder erober die neuseeländische Natur mit dem Drahtsesel.

ABENTEUERSPORT

Am steilsten, schnellsten oder verrücktesten! Der Superlativ ist das Maß aller Dinge im Ursprungsland des Bungysprungs. Zentren des Nervenkitzels sind im Norden in Rotorua und Taupo, im Süden rund um Queenstown und Wanaka. *Jet-Boote (Tel. 0800 32 78 53 | dartriver.co.nz)* fliegen über den türkisfarbenen Dart River bei Glenorchy. Oder du gehst die Wände hoch – mit *Wanaka Rock Climbing (Tel. 022 015 44 58 | wanakarock.co.nz)* für Anfänger und Profis. Beim *Tandemfallschirmsprung (Tel. 0800 58 67 66 | skydivetaupo.co.nz)* über Taupo schön die Augen aufhalten, das Panorama ist himmlisch! Wer lieber über der Erde schwebt, probiert den *Freefall Extreme (Tel. 0800 94 98 88 | velocityvalley.co.nz)* in Rotorua über einer Windsäule mit 220 km/h. Als Vorbereitung bietet sich ein *Survival Training (Tel. 0800 78 78 48 | sossurvivaltraining.com)* in der Wildnis rund um Auckland an.

KAJAK & KANU

Ruhige Seen, reißende Flüsse und eine vielfältige Meeresküste bieten Freunden des Paddelsports nahezu im ganzen Land und in den Nationalparks ideale Bedingungen.

INSIDER-TIPP
Auf zu einsamen Ufern!

Nach wenigen Paddelschlägen entlang urwüchsiger, einsamer Buchten entkommst du jeglicher Zivilisation auf einer Kanutour durch den Pelorus Sound *(Kanu für 2 Pers. in Elaine Bay*

Bungy liegt dir nicht? Erkunde die Gegend um Queenstown im Sattel. Sieht auch lässiger aus

ab 100 NZ$ | Tel. 03 576 52 51 | seakayakingmarlborough.co.nz) an der Nordspitze der Südinsel.
Bei einem *Kajakausflug (Tel. 0800 99 90 89 | aucklandseakayaks.co.nz)* im Hauraki Gulf nach Rangitoto Island inklusive Erklimmen des Vulkans wird sicher keine Muskelgruppe vernachlässigt.

KITE- & WINDSURFEN

Zwei Meere so dicht beieinander, hohe Berge und schnell wechselndes Wetter: Damit ist Neuseeland ein echtes Paradies für Windfanatiker. Kite- und Windsurfen lernt man an der nördlichen Spitze der Südinsel in Nelson *(Tel. 0800 548 326 | kitescool.co.nz)* und in Auckland *(Tel. 09 815 06 83 | nzboardstore.co.nz)* – bei Westwind in Point Chevalier, bei Ostwind ist Orewa angesagt. *windsurfingnz.org, Facebook: new zealand kitesurfing*

RADFAHREN

Ein ausgezeichnetes Radwegenetz reicht vom hohen Norden Neuseelands bis ganz unten in den Süden, auf *nzcycletrail.com* gibt's alle Infos. Ein- und mehrtägige Touren unternimmst du mit *Natural High (Tel. 09 257 46 73 | naturalhigh.co.nz)*: Vom Bus begleitet radelst du nur die landschaftlich attraktiven Wegstücke. Oder 150 km entlang einer alten Bahntrasse auf dem *Otago Central Rail Trail (otagorailtrail.co.nz)*, vorbei an historischen Goldgräber-Örtchen und endlosen Südinselpanoramen.
Mountainbiker können sich komplett verausgaben, *nzcycletrail.com* und *trailforks.com* listen etliche Trails: Die legendäre *42 Traverse* z. B. führt hügelige 46 km durch Wald und Busch mit Blick auf die Vulkane der Nordinsel. Der heftige *Old Ghost Trail (oldghostroad.org.nz)* entlang der wilden Westküste im Süden ist als längster Single

Trail des Lands nur etwas für Unerschrockene. Freunde von MTB-Parcours toben sich bei *FourForty (fourfortymtbpark.co.nz)* in Auckland und im *Cardrona Bike Park (cardrona.com)* sowie auf Trails in den Bergen um Queenstown aus. Mehr Infos hat *ridenz.co*. In Neuseeland herrscht Helmpflicht. Und immer schön links halten!

REITEN
Ausritte durch die atemberaubende Natur Neuseelands gibt es für Anfänger und Fortgeschrittene im ganzen Land. Galoppier mit *Ahipara Horse Treks (Tel. 09 408 25 32 | taitokerauhoney.co.nz)* über den Ninety Mile Beach im Northland oder über den blendend weißen Sand des Pakiri Beach *(Tel. 09 422 62 75 | horseride-nz.co.nz)* nördlich von Auckland. In der beeindruckenden Berg- und Seenwelt rund um Queenstown *(Tel. 0800 23 65 66 | nzhorsetreks.co.nz)* eröffnet der Blick vom Rücken der Pferde grandiose Aussichten. Mehrtägige Pferdesafaris ab vom Schuss unternimmst du mit *Alpine Horse Safaris (alpinehorse.co.nz)* in Canterbury. Weitere Infos: *truenz.co.nz/horsetrekking*

SEGELN
Eine gute Brise weht immer oben in der *Bay of Islands* und selbstverständlich in der City of Sails – Auckland. Wer einmal America's-Cup-Luft schnuppern will, der kann in Auckland auf einem der Hightech-Boote bei voller Fahrt die Winden kurbeln *(Tel. 0800 39 75 67 | exploregroup.co.nz)*. Gemütlicher ist eine *Akaroa Sailing Cruise (Tel. 0800 72 45 28 | aclasssailing.co.nz)* bei Christchurch.

SKIFAHREN
Schnee liegt in Neuseelands Wintersportzentren von Juni bis September. Der Norden hat rund um den Vulkan *Ruapehu* die Skigebiete *Whakapapa* und *Turoa*. Regelrechten Skirummel – auch für Snowboardfans und Heli-Skifahrer – bietet Queenstown *(queenstownnz.co.nz)* mit den Arenen *Coronet Peak*, *Treble Cone*, *Cardrona* und *The Remarkables*. Exklusiv ist *Soho Basin (Tel. 03 450 90 98 | sohobasin.com)* bei Cardrona: Schneeraupe oder Hubschrauber bringen dich zu Abfahrten durch unberührten Pulverschnee. Über den Berg rüber nebenan in Wanaka findest du die einzige Langlaufloipe Neuseelands *(snowfarmnz.com)*. Am *Mount Hutt* bei Christchurch hat 2021 Neuseelands erste Achter-Sesselbahn eröffnet.

SUP & SURFEN
Surfen gehört in Neuseeland zum Lifestyle, auch das Wellenreiten auf Stand-up-Paddleboards (SUP) wird immer beliebter. Die meisten Surfspots liegen auf der Nordinsel, generell ist der Osten zahmer als der Westen. Beliebte Surfspots mit Brettverleih sind *Piha* und *Muriwai* an Aucklands Westküste, etwas südlicher *Raglan* und entlang des *Surf Highway (SH 45)* in Taranaki. Die Topspots der Ostküste sind im Northland rund um *Mangawhai* und in *Gisborne*. Im kalten Süden zählen *Sumner* in Christchurch und *St. Clair* in Dunedin zu den Favoriten. Aktuelle Surfvorhersagen auf *ma*

rineweather.co.nz oder *magicseaweed.com*. Für eine ruhige SUP-Tour bieten sich geschützte Buchten und Seen an, etwa *Lake Rotoiti* bei Rotorua, die *Tutukaka Coast* oder *Raglan Harbour*.

TAUCHEN

Unter der Wasseroberfläche verbergen sich in Neuseeland die unterschiedlichsten Lebenswelten. Die *Poor Knights Islands* vor der Küste der Nordinsel etwa ziehen tropische Fische und Stachelrochen an und locken mit Felshöhlen und Steilwänden *(Tauchkurse: Dive! Tutukaka | Tel. 09 4 34 38 67 | diving.co.nz)*. In den tiefen Gewässern des *Milford Sounds* wachsen schwarze Korallen *(Tauchkurse: Descend | Tel. 02 73 37 23 63 | descend.co.nz)* und im 2000 m tiefen Meeresgraben vor der Küste *Kaikouras* wimmelt es nur so vor Walen und anderen Tiefseekreaturen *(Tauchkurse: Daves' Diving | Tel. 021 02 60 23 16 | davesdivingkaikoura.com)*.

WANDERN

Für alle neun *Great Walks* musst du dich beim Department of Conservation *(doc.govt.nz/great-walks)* anmelden und die Hütten vorbuchen. Besonders der *Milford Track* ist meist über Monate im Voraus ausgebucht. Wer mehr auf Marathon-Wandern steht, der kann das ganze Land von Nord bis Süd auf dem rund 3000 km langen, gut vernetzten *Te Araroa – New Zealand's Trail (teararoa.org.nz)* abwandern. Kürzere Wanderungen gibt's überall im Land, nach Nord- und Südinsel sortiert oder nach Namen auf *freewalks.nz*.

Reizvolle Radtouren bieten sich vielerorts an. Hauptsache, du denkst an den Linksverkehr!

DIE REGIONEN IM ÜBERBLICK

DIE NORDINSEL S. 42
Maorikultur, lebendige Städte, Traumstrände und subtropische Vegetation
Gulf
Auckland
Bay of Plenty
Hamilton
Rotorua
Taupo
Gisborne
Lake Taupo
Napier
Hawke Bay
Whanganui
Hastings
PACIFIC OCEAN
Picton
WELLINGTON

DIE NORDINSEL

SUBTROPISCHE SCHÖNHEIT

Halbe halbe oder lieber ein Drittel und zwei Drittel? Wie viel eurer Neuseelandzeit ihr jeder der beiden Hauptinseln einräumt, entscheidet ihr selbst – nach Lust und individuellen Vorlieben. Drei Wochen fürs ganze Land sind das Minimum, darunter wird's stressig. Die Nordinsel ist so kontrastreich und wunderschön, dass sie genügend Abwechslung für einen ganzen Urlaub bietet.

Hier könnt ihr weiße, sanfte Sandstrände im Osten und schwarze, wilde Küsten im Westen erkunden. Oder authentische Maori-Kultur und das

Das Shorts-und-Sandalen-Land kann auch Bling-Bling: Aucklands nächtliche Skyline

bunt gemischte Stadtleben der Metropolen Auckland und Wellington erleben. Aktivurlauber werden das dampfende vulkanische Herz des Nordens lieben, das von Seen, Flüssen und Wäldern umschlossen wird. Natürlich hat auch der Süden absolut beeindruckende Landschaften. Dort unten geht es aber bisweilen recht einsam zu, denn mehr als zwei Drittel der 5,1 Mio. Neuseeländer leben auf der Nordinsel, die meisten davon in Auckland. Räum den Menschen und der traumhaften, reinen Schönheit der Nordinsel deshalb unbedingt genug Zeit ein.

DIE NORDINSEL

MARCO POLO HIGHLIGHTS

★ **HAURAKI GULF**
In der heilen Welt der Inseln im Meer vor Auckland ➤ S. 56

★ **WAITANGI TREATY GROUNDS**
Hoch im Norden wartet Neuseelands Geburtsort auf euch. ➤ S. 46

★ **NINETY MILE BEACH**
Endloser, wilder Sandstrand im Northland ➤ S. 50

★ **COROMANDEL PENINSULA**
Beach Life satt: z. B. wuselig am Cathedral Cove oder einsam am New Chums Beach ➤ S. 57

★ **EAST CAPE LIGHTHOUSE**
Der allererste Sonnenaufgang mit atemberaubendem Ausblick ➤ S. 75

★ **TONGARIRO ALPINE CROSSING**
Einmal durch die surreale Vulkanwelt des Tongariro National Park ➤ S. 72

★ **ROTORUA**
Essen und tanzen wie die Maori – umweht vom heißen Dampf aus der bunten Thermalwelt ➤ S. 62

★ **WHANGANUI NATIONAL PARK**
Mit dem Kanu im Regenwald in die Vergangenheit paddeln ➤ S. 76

★ **NAPIER**
Elegante Art-déco-Stadt mit Erdbebenhistorie ➤ S. 76

★ **TE PAPA TONGAREWA**
Interaktives, multimediales Nationalmuseum in Wellington ➤ S. 80

NEW ZEALAND / AOTEAROA
Maitai Beach
9 Karikari Peninsula
Bay of Islands S.46
Te Ahurea 3
2 1 Russell
Waitangi Treaty Grounds
4 Tutukaka Coast
6 Waipoua Kauri Forest
5 Whangarei
NORTHLAND
Goat Island Marine Reserve 12
13 Coromandel Town
New Chums Beach
230 km, 3 ½ Std.
Hauraki Gulf
Waiheke Island 10 11
18 19
Hahei Beach & Cathedral Cove
Whitianga 14 20 Hot Water Beach
Karekare Beach
Auckland S.51
AUCKLAND
15 Coromandel Peninsula S.57
Pinnacles Track
16 Whangamata
227 km, 3 Std.
Karangahake Gorge 17
21 Waihi Beach
White Island 24 East Cape Lighthouse
33
25 Tauranga & Mount Maunganui
Hamilton
GISBORNE
Hobbiton 26
24 Whakatane
S.62
Rotorua
BAY OF PLENTY
Tolaga Bay 32
Waitomo Glowworm Caves 27
23 Mount Tarawera
WAIKATO
22 Wai-o-Tapu
Makorori Beach
28 Orakei Korako
Taupo S.69
Rere Rockslide 30
348 km, 5 Std.
31 Te Urewera
Gisborne S.73
Surf Highway (SH 45) 38
New Plymouth 39
Forgotten World Highway 36
Tongariro Alpine Crossing
29 Tongariro National Park
34 Mahia Peninsula
37
S.76
Mount Taranaki/ Egmont National Park
Whanganui National Park
HAWKE'S BAY
35 Napier
TARANAKI
Pātea
Hastings
Whanganui
Bulls
194 km, 2-3 Std.
Palmerston North
MANAWATŪ-WHANGANUI
Kapiti Coast 40
Te Papa Tongarewa (Museum of New Zealand)
WELLINGTON
41 Martinborough
Nelson
Picton
Wellington S.80
100 km
62.14 mi

BAY OF ISLANDS

(🕮 H2–3) **Kitschig-schöne Postkartenidylle: eine grüne Insellandschaft mit weißen Stränden im blauen Ozean. Die 144 Inseln der Bay of Islands sind ein Paradies für Segler, Hochseeangler und Wildlifefans. Hier kannst du mit Delfinen schwimmen, in abgeschiedenen Buchten ankern oder auf einsamen Küstenwegen wandern.**

Paihia (2000 Ew.) ist das touristische Zentrum der Bay, hier starten die meisten Touren. Geschichtsfans können in Waitangi alles über die junge Historie des Lands erfahren, die Region gilt als Wiege des modernen Neuseelands. Tagesausflugsziele sind der Ninety Mile Beach, uralte Kauri-Baumwälder, die einsame Karikari Peninsula und das Cape Reinga, die Nordspitze Neuseelands – das Northland ist umsäumt von menschenleeren Stränden.

ZIELE IN DER BAY OF ISLANDS

1 RUSSELL

Der heute eher verschlafene Ort (1100 Ew.) hat eine turbulente Geschichte. Für eine Weile war er tatsächlich Neuseelands Hauptstadt und wegen der rauen Sitten der groben Walfänger als „Höllenloch des Pazifiks" verschrien. An der *Christ Church (Robertson Road/Church Street)* aus dem Jahr 1835 sieht man noch die Einschusslöcher früherer Gefechte. Vom *Flagstaff Hill* aus lockt eine herrliche Aussicht über die Bay, und an der *Waterfront* gibt es Bier in historischem Ambiente: Der *Duke of Marlborough (tgl. 11.30–21 Uhr | 35 The Strand | Tel. 09 4 03 78 29 | theduke.co.nz | €€–€€€ | auch 25 Zi. | €€€)* war die erste Kneipe im Land mit einer Alkohollizenz. Heute serviert man dir auch leckeres Essen mit Fernsicht rüber nach Paihia, das mit der Fähre nur einen Katzensprung entfernt ist. 🕮 H3

2 WAITANGI TREATY GROUNDS ★

Hier erwachen die abenteuerlichen Anfänge der Nation in einer Art Freilichtmuseum wieder zum Leben. Am malerischen Originalschauplatz der Staatsgründung Neuseelands fünf Minuten außerhalb von Paihia erfährst du alles rund um den Vertrag von Waitangi. Der Weg zum *Treaty House* (Vertragshaus) führt durch Mangrovenwald vorbei an einem 35 m langen, aus zwei Kauri-Stämmen geschnitzten Maori-Kriegskanu für 150 starke Männer. Es wird jedes Jahr anlässlich der Feierlichkeiten zum *Waitangi-Day* im Februar zu Wasser gelassen. Auf der riesigen Rasenfläche vor dem Treaty House versammelten sich am 6. Februar 1840 fünfzig Maori-Häuptlinge und Vertreter der englischen Krone unter Führung des Generalgouverneurs für Neuseeland, William Hobson, und besiegelten den Waitangi-Vertrag, der die Übernahme des Lands durch die Briten regelte. Die verschiedenen kontroversen Versionen werden im *Museum von Waitangi* am Eingang der Treaty Grounds dargestellt. Das eindrucksvolle *Whare Runanga*, Versammlungshaus der Maori, verweist mit geschnitzten Ahnen aus dem ganzen Land auf die landesweite Vereinigung aller Maori-Stämme im Vertrag. Mehrmals täglich gibt es Maori-Shows mit Haka, anderen Tänzen und Gesang. *Feb.–24.Dez. tgl. 9–17, 26. Dez.–31. Jan. tgl. 9–18 Uhr | 60 NZ$ inklusive Video, Führung auf Englisch, Show, Museum | 1 Tau Henare Drive | waitangi.org.nz | 2 h | H3*

3 TE AHUREA

Das Maori-Dorf (ehemals Rewa's Village) in Kerikeri hat 2021 nach einer Renovierung für mehr als eine Million NZ$ neu eröffnet und versteht sich als lebendiges Kulturzentrum. Besucher können hier mitten im Busch erleben, wie die Maori einst gelebt haben und bei Web- und Schnitzkursen auf Zeitreise gehen. Es gibt sogar ein eigenes *Waka* (Kanu) am nahe gelegenen Kerikeri River. *Di–So 10–17 Uhr | 10, Kinder 5 NZ$ | 1 Landing Road | teahurea.co.nz | 2 h | H3*

ESSEN & TRINKEN

Außerhalb der Hauptorte herrscht gastronomische Diaspora. Das größte Angebot hat Paihia auf der *Williams* und *Marsden Road*. Dort tischt *Charlotte's Kitchen (tgl. ab 11.30 Uhr | 69 Marsden Road | Tel. 09 4 02 82 96 | charlotteskitchen.co.nz | €€)* frischen Fisch, Austern und viele asiatisch inspirierte Gerichte auf. Ein paar Schritte weiter lockt die kleine Craftbeerbar *Thirty 30 (tgl. ab 15 Uhr | 16 Kings Road)* mit Burgern, Fish & Chips, lokalen Biersorten und Livemusik.

Viel Grün, viel Kunst, wenig Papier: Um den Waitangi-Vertrag wuchs ein Freilichtmuseum

SPORT & SPASS

BOOTSTOUREN

In der Bay of Islands müsst ihr raus aufs Wasser. Der *Discover the Bay Cruise (tgl. 8.30 oder 14 Uhr | ab 135 NZ$ | Marsden/Ecke Williams Road | Tel. 0800 365744 | exploregroup.co.nz)* ist ein Halbtagstrip mit vielen Highlights ab Russell Wharf in Paihia, u. a. mit dem *Hole in the Rock*, einem Felsentor, durch das man bei guten Bedingungen mit dem Boot schippert, und mit Lunch- oder Badestopp auf dem umwerfend schönen *Urupukapuka Island*. Oder lieber mit Delfinen schwimmen? *Carina Sailing (tgl. 9 Uhr ab Pahia | ab 140, Kinder 97 NZ$ | Tel. 09 4028040 | sailingdolphins.co.nz)* bietet dazu eine sechsstündige Katamaran-Segeltour mit Schnorcheln und BBQ an. Bei Delfinalarm geht's vom Boot aus hinein ins Nass. Oder du faulenzt weiter auf dem Bootstrapez und bestaunst von dort die kühnen Kunststücke der Meerestiere.

STRÄNDE

Die schönsten Strände liegen nördlich der Bay of Islands – bei Ahipara etwa und auf der Karikari-Halbinsel.

WELLNESS

NGAWHA SPRINGS

Das warme Thermalwasser in den 16 Pools von Ngawha Springs in Kaikohe (80 km von Russell entfernt) kommt tief aus der Erde. Es ist reich an Mineralien und soll eine heilsame Wirkung haben. 2022 hat die Poolanlage nach einer Renovierung neu eröffnet. *283 Ngawha Springs Road | Tel. 09 4052245 | ngawha.nz*

RUND UM BAY OF ISLANDS

4 TUTUKAKA COAST

90 km/1 h 15 min von Pahia (Auto)

Meeresfreunde begeistern sich für diese Küste nördlich von Auckland. Für Taucher und Schnorchler ist vor allem das Meeresschutzgebiet an den *Poor Knights Islands* schlichtweg atemberaubend. Das Wasser rund um die vulkanischen Inseln ist super klar und wird im Sommer bis zu 23 Grad warm. Außer 120 einheimischen Fischarten, Delfinen und riesigen Kelpgärten (braune Seealgen) siehst du – mit etwas Glück – auch einige tropische Kollegen wie Mantarochen oder sogar Walhaie. Entlang der Felsküste der Inseln findet man einzigartige Unterwasserpflanzen, Riffe und die *Rikoriko Cave*: Die größte Meereshöhle der Welt kannst du unter Wasser, mit Kajaks oder Paddelboards erkunden. Von der Tutukaka Marina fahren *Ausflugsboote (tgl. 11–16.15 Uhr | 229 NZ$ | Tel. 0800 288882 | aperfectday.co.nz)* hinaus zu Inseln knapp 20 km vor der bildhübschen Ostküste, für die du dir ruhig Zeit nehmen solltest: An der Tutukaka Coast findest du einsame grüne Buchten wie die *Matapouri*

144 Inseln hat die Bay of Islands – fang einfach irgendwo an im grün-weiß-blauen Paradies

Bay und den hervorragenden Surfstrand *Sandy Bay*. H3

5 WHANGAREI

70 km/1 h von Pahia (Auto)

Ein Abstecher in das Hafenstädtchen lohnt sich nicht nur wegen der schönen Uferpromenade, sondern auch wegen des neuen *Hundertwasser Art Centre*. Anfang 2022 hat ein Museum mit der größten Hundertwasser-Sammlung außerhalb Wiens eröffnet. Sie ehrt den österreichischen Künstler, der seine 25 letzten Lebensjahre in Neuseeland verbracht hat. Das größte Kunstwerk, das er dort hinterlassen hat, war bislang das Toilettenhäuschen von Kawakawa. *Mo–Sa 10–17, So bis 16 Uhr | 21 NZ$ | 81 Dent Street | hundertwasserartcentre.co.nz* | 1,5 h | H3

INSIDER-TIPP
Viel Hundertwasser down under

6 WAIPOUA KAURI FOREST

120 km/1 h 45 min von Pahia (Auto)

Unter dem ältesten und größten Kauri-Baum *Tane Mahuta*, dem „Gott des Walds" (51 m hoch, 14 m Umfang, geschätzte 2000 Jahre alt), kommt man sich recht unbedeutend vor. Die Westküste von Northland gilt noch immer als Kauri Coast, auch wenn die meisten dieser uralten Giganten um 1860 von den europäischen Siedlern abgeholzt wurden. Erkunde den Wald auf eigene Faust oder buch über *Footprints Waipoua (tgl. | Preis auf Anfrage | Tel. 09 4 05 82 07 | footprintswaipoua.co.nz)* eine Privattour mit einem Maori-Guide. Es gibt auch 4-stündige Nachttouren *(105 NZ$)*, bei denen du dich fast ganz allein im Wald auf eine Zeitreise ins Neuseeland vor tausend Jahren begibst.

INSIDER-TIPP
Allein im Dunkeln mit uralten Giganten

Besonders, wenn der Guide alte Legenden erzählt und Maorigesänge anstimmt, fühlst du dich der Vergangenheit nah. Das *Kauri Museum (tgl. 9–18 Uhr | 25 NZ$ | 5 Church Road | kaurimuseum.com | 30 min)* in Matakohe erzählt die Geschichte der unter Naturschutz stehenden Bäume. *G3*

7 AHIPARA

120 km/1 h 45 min von Pahia (Auto)

Der Hotspot für Surfer nordwestlich von Paihia. In der *Shipwreck Bay* unterhalb des Orts beginnt der *Ninety Mile Beach*. Die Bucht gleicht an wellenreichen Tagen einem Surfer-Parkplatz. Hardcore-Wellenjäger fahren gar über die felsige Küste um die Ecke, wo sich ein gigantischer Surfspot an den anderen reiht. Nicht nachahmenswert, denn dort und auch auf dem Strand erlischt der Versicherungsschutz für Mietfahrzeuge. Bei Ebbe kannst du aber mit Sandbuggys den endlosen Sandstrand hinauffahren. Dabei immer schön die Gezeiten im Auge behalten! *G3*

8 CAPE REINGA & NINETY MILE BEACH

200 km/2 h 30 min von Pahia ans Cape Reinga (Auto)

An der äußersten Nordspitze Neuseelands, am *Cape Reinga*, verabschieden sich laut Maori-Legende die Seelen der Verstorbenen in ihr Nachleben. Das Kap ist ein Ort der Mythen und die dortige Wüstenlandschaft ideal zum *Dünensurfen mit Kindern*. Boogie Boards können vor Ort geliehen werden. Am Kap treffen Pazifik und Tasman Sea aufeinander, der Ausblick vom örtlichen *Leuchtturm* ist ehrfurchteinflößend. Am besten buchst du eine elfstündige Tour von Paihia aus ins sogenannte Northland, z. B. mit *Great Sights (tgl. 7 Uhr | 160 NZ$ | Tel. 0800 74 44 87 | greatsights.co.nz)*. Die Fahrt ist ellenlang. Die letzten knapp 90 km säumt der schier endlose, meist menschenlose ★ *Ninety Mile Beach* die Strecke. Die Tourbusse brettern übrigens auch den Strand entlang – Sandboarding-Stopp inklusive. In Wirklichkeit ist der fantastische Ninety Mile Beach nur 55 Meilen lang, also 88 km. Da hat man wohl irgendwo einen Übertragungsfehler gemacht. *F–G2*

9 KARIKARI PENINSULA

110 km/1 h 30 min von Pahia (Auto)

Auf der *Karikari-Halbinsel* gibt es nichts außer weißen Sandstränden, Dünen und Lagunen. Ein paar kleine Orte, ein Weingut und Olivenhaine: Kitesurfer lieben diese flache Halbinsel nördlich von Paihia; an irgendeiner Küste gibt es hier immer Wind. *Rangiputa* liegt an einer flachen Lagune, perfekt für Anfänger und passionierte Angler. Der wunderschöne, sichelförmige *Maitai Beach* an der Nordspitze der Halbinsel umarmt die gleichnamige geschützte Bucht. Besonders türkis leuchtet das Meer in *Matauri Bay*.

Wichtig: Alle Vorräte solltet ihr euch mitbringen! Auf Karikari gibt es nur einen kleinen Imbiss, wo das Wort „fettig" eine triefende Dimension bekommt. *G2*

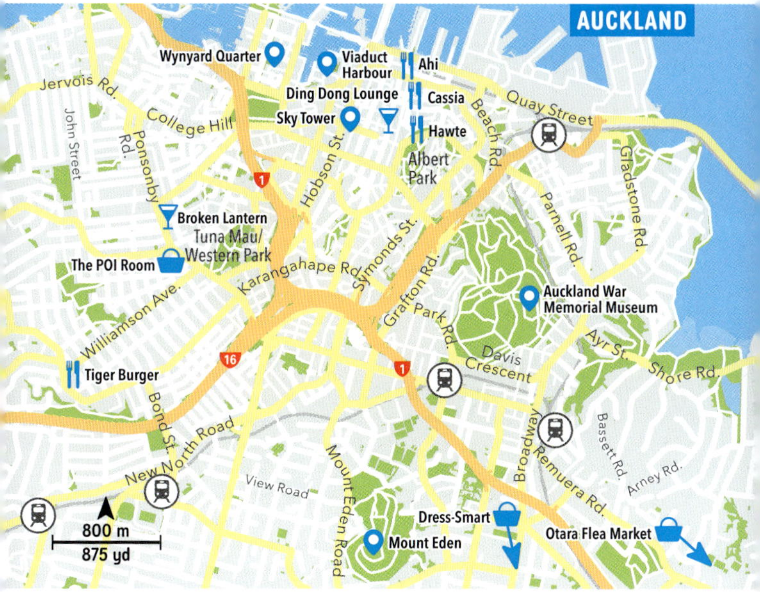

AUCKLAND

(⧉ H–J5) **Die Lage am wunderschönen Hauraki Gulf prägt Auckland und seine Menschen. Locker, positiv und aufgeschlossen sind sie hier, aufregen tun sich Kiwis sowieso selten.**

Auckland liegt an der schmalsten Stelle des Lands zwischen Pazifik und Tasman Sea im Westen, was zu interessanten Wetterkapriolen führen kann. In der „City of Sails" weht immer eine frische Brise, und so tummeln sich rund um den Hafen die Segelboote.Die mit 1,7 Mio. Einwohnern größte Stadt Neuseelands wurde 1840 gegründet und war nach Russell für ein paar Jahre Hauptstadt, bis Wellington 1865 dann Regierungssitz wurde. Bis heute gibt es einen Wettstreit zwischen den beiden Metropolen, wobei man sich meist aufs Wesentliche konzentriert, also die Sportergebnisse und die Zahl der Cafés. Kulinarisch hat Auckland einiges zu bieten, vor allem im schicken Hafenviertel und in Ponsonby. Jeder Stadt-

WOHIN ZUERST?

Sky Tower: Verschaff dir den besten Überblick aus 382 m Höhe! Vom Tower aus erkundest du die Innenstadt zu Fuß. Von hier aus sind es auch nur wenige Schritte bis zum Hafenviertel Wynyard Quarter. Auf dem **Jellicoe Street Carpark** *(37–55 Madden Street)* ist die erste Stunde frei. Danach kostet es 6 NZ$/Std.

Berg mit Delle: Die Oberfläche des Mount Eden offenbart seinen vulkanischen Ursprung

teil hat seinen eigenen multikulturellen Charme, so sind die südlichen Viertel in pazifischer und die kommerzielle Queen Street im Zentrum in asiatischer Hand. Kulturell macht Auckland nicht so viel her, wie überall im Land stellt die abwechslungsreiche Natur auch hier alles andere in den Schatten. Dank über 50 (erloschener) Vulkane ist die Stadt recht hügelig mit vielen Grünanlagen. 40 Minuten vom Zentrum entfernt kannst du morgens an einem wilden, schwarzen Sandstrand im Westen surfen und nachmittags auf der anderen Seite an seinem weißen Gegenstück faulenzen.

SIGHTSEEING

SKY TOWER

„The Needle", wie der Skytower auch genannt wird, ist das in den Himmel ragende Wahrzeichen Aucklands. Der Fahrstuhl *(25 NZ$)* bringt dich in 40 Sekunden zur Aussichtsplattform auf 220 m Höhe. Es gibt ein Kasino, Bars und das Restaurant *Orbit (tgl. ab 11.30 Uhr | Mindestverzehr! | Tel. 09 3 63 60 00 | €€–€€€)* mit 360-Grad-Panorama und stündlicher Rotation. Der *Skyjump (ab 135 NZ$)* vom Turm empfiehlt sich allerdings vor der Mahlzeit – das ist deutlich passantenfreundlicher! Etwas zahmer, aber mit derselben schwindelerregenden Aussicht gestaltet sich der *Skywalk (ab 90 NZ$)* rund um die Spitze des Turms – außen wohlgemerkt. *Tgl. ab 8.30 Uhr | Victoria Street | skycityauckland.co.nz*

WYNYARD QUARTER & VIADUCT HARBOUR

Sehen und gesehen werden – in den modernen Hafenvierteln *Wynyard Quarter (wynyard-quarter.co.nz)* und *Viaduct Harbour* zeigt Auckland neue

Stadtbaukunst mit Stil und Klasse. Schlender durch die Wohn- und Freizeitviertel am Wasser, gönn dir ein hervorragendes Gericht in der modernen *Soul Bar (tgl. ab 11 Uhr | Tel. 09 3 56 72 49 | soulbar.co.nz | €€–€€€)* mit Blick auf die beneidenswerten Luxusyachten im Viaduct Harbour. Über eine Klappbrücke geht's weiter ins Wynyard Quarter, wo du etwas günstiger und zünftiger essen kannst. Im Sommer gibt's nebenan im *Silo Park (silopark.co.nz)* Open-Air-Filme zum Nulltarif.

AUCKLAND WAR MEMORIAL MUSEUM

Ersten Kontakt mit der neuseeländischen Kultur von den pazifischen Siedlern bis hin zur Moderne nimmst du in diesem Museum auf. Das beeindruckende neoklassizistische Gebäude mit Ausblick auf die City ist zugleich Gedenkstätte für gefallene Soldaten und steht auf einem alten Krater – heute einer der größten Stadtparks mit wunderschönen alten Bäumen und vielen Grünflächen. Spar dir die Maori-Vorstellung, die ist in Rotorua oder der Bay of Islands authentischer. Aber den *Wintergarten (tgl. ab 9 Uhr | Eintritt frei | Wintergarden Road)* auf dem Gelände mit einheimischen Farnen solltest du unbedingt besuchen. *Mo–Fr 10–17, Sa/So 9–17 Uhr | 28 NZ$ | Auckland Domain | aucklandmuseum.com | 1,5 h*

MOUNT EDEN

Die Schafe auf den grünen Flanken dieses erloschenen Vulkans sind possierlich und täuschen darüber hinweg, wie heiß es darunter hergeht: Unter der Erdoberfläche ist das *Auckland Volcanic Field* nach wie vor aktiv. Und die Frage ist auch nicht ob, sondern wann der nächste Vulkan hochgeht. Keine Bange, das soll noch ein paar Jährchen dauern. Vom Kraterrand des höchsten Vulkans (196 m) der Stadt gibt's einen tollen Ausblick. *Maungawhau* – wie Mount Eden in der Maori-Sprache heißt – ist dem örtlichen Stamm heilig, deshalb sollten sich Besucher respektvoll verhalten und nicht in den Krater purzeln. *Im Sommer tgl. 7–20.30, im Winter tgl. 7–19 Uhr | 250 Mount Eden Road*

ESSEN & TRINKEN

CASSIA

Vom Feinsten! Moderne Fusionküche mit verschiedenen asiatischen Einflüssen – eins der besten Restaurants der Stadt, zudem in einer groovy Kellerlocation nahe dem Britomart (Bahnhof). *Lunch Mi–Do 12.30–14.30, Dinner Di–Sa ab 17.30 Uhr | 5 Fort Lane | Tel. 09 3 79 97 02 | cassiarestaurant.co.nz | €€–€€€*

AHI

Chefkoch Ben Bay ist ein echter Pionier an der Pfanne. In seinem mehrfach ausgezeichneten Restaurant experimentiert er mit traditionellen Maori-Kochtechniken und serviert seinen Gästen Oktopus mit Pikopiko-Farnspitzen oder Brombeeren mit Honig vom Pohutukawa-Baum. Die Gäste sitzen derweil erwartungsvoll auf meeresblauen Samtstühlen und warten mit Blick auf die Queen Street auf kunstvoll arrangierte Speisen. *Tgl. 12–24 Uhr | 7/21 Queen Street | Tel. 02 25 24 42 55 | ahirestaurant.co.nz | €€–€€€*

HAWTE

Mango-Malibu oder doch lieber Whisky-Schoko? In Neuseelands erstem „hochprozentigem" Eisladen sind viele Eissorten mit einem Schuss Alkohol verfeinert. Köstlich sind aber auch die alkoholfreien Kreationen, die keinerlei künstliche Zusatzstoffe enthalten. Etwa Honig-Feige-Eis oder cremige Milkshakes mit Kaugummigeschmack. *Di–So 14–21 Uhr | 5 Chancery Street | Tel. 09 6 00 31 98 | hauteicecreams.com | €*

INSIDER-TIPP
Eis mit Promille probieren

TIGER BURGER

Asiatische inspirierte Burger sind der neueste Food Hype in Auckland. Denn der Mix aus Kimchi oder koreanischer Gewürzpaste und Rindfleisch ist einfach extrem lecker. Es lohnt sich also, sich bei Tiger Burger im angesagten Grey Lynn in die Schlange zu stellen und sich einen „Kimcheese" mit Kimchi, Biorind aus der Region und Cheddarkäse zu bestellen. Auch für Vegetarier steht einiges auf der Karte. *Di–Fr 17–21, Sa/So 12–21 Uhr | 549 Great North Road | Tel. 09 2 16 55 85 | tigerburger.co.nz | €*

SHOPPEN

Rund um die *Queen Street* kannst du dir beim Shoppen die Füße platt laufen: Mode, Outdoorkleidung, Elektronik, Souvenirläden und Supermärkte. Designermode und Kunsthandwerk findest du auf der *Lorne Street*, im *Britomart-Viertel* um den Bahnhof sowie auf der *Ponsonby Road*. Kompaktes Shopping in über 200 Geschäften bietet das größte Einkaufszentrum Neuseelands *Sylvia Park* in Mount Wellington.

DRESS-SMART

Etwas für Schnäppchenjäger – Neuseelands größte Outlet Mall mit guter Auswahl an Mode- und Sportshops, meist nicht top aktuell, aber eben reduziert. Touristen bekommen einen Gratisshuttle ins 30 Minuten entfernte Onehunga, Fahrplan auf *dress-smart.co.nz. Mo–Mi, Fr 10–17, Do bis 19, Sa/So 9–18 Uhr | 151 Arthur Street*

OTARA FLEA MARKET

Kunterbunter Flohmarkt auf Polynesisch mit Livemusik und Südseestimmung. Tonga, Samoa, Fiji und Maori sind mit Ess-, Schmuck-, Kleidungs- und Gemüseständen vertreten. Ein nices multikulturelles Erlebnis! *Sa 6–12 Uhr | Newbury Street | Manukau*

THE POI ROOM

Made in China ist hier ein Fremdwort – der Poi Room bietet neuseeländisches Kunsthandwerk, Schmuck und Souvenirs – gefertigt von einheimischen Künstlern. Authentizität hat ihren Preis, dafür sind die geschmackvollen Produkte exklusiv und originell. *Mo–Fr 10–17.30, Sa 10–17, So 10–16 Uhr | 130 Ponsonby Road*

Einkaufszentrale Queen Street. Ob die Königin wohl schon auf „ihrer" Straße shoppen war?

SPORT & SPASS

SURFEN

Die wilden Westküstenstrände mit ihrem schwarzen Sand sind nichts für zimperliche Badenixen. *Piha* und *Muriwai* zählen zu den besten Surfplätzen im Land. Anfänger lassen sich am besten von den Profis der *Surfschulen (pihasurfschool.com, muriwaisurfschool.co.nz)* die Kunst des Wellenreitens beibringen, Boards und Wetsuits werden hier auch verliehen. Kleiner Tipp: Surfen während des Sonnenuntergangs ist hier im Westen einfach gigantisch.

TIERBEOBACHTUNGEN

Orcas vorm Fährterminal und Delfine im Speedtest mit Yachten – im nährstoffreichen Hauraki Gulf tummeln sich Meerestiere aller Art, sogar Buckel- und Brydewale kommen hier vorbei. Die informative, ca. fünfstündige *Whalewatching Tour* mit *Auckland Whale & Dolphin Safari (tgl. 10.15 Uhr | 129, Kinder 89 NZ$ | 175 Quay Street | Viaduct Harbour | Tel. 09 3 57 60 32 | whalewatchingauckland.com)* kommt mit Garantie: Falls ihr keine Meeressäuger sichtet, dürft ihr noch mal mit.

KELLY TARLTON'S SEALIFE AQUARIUM

In diesem Aquarium könnt ihr Neuseelands Unterwasserwelt durch Glasscheiben bewundern. *Tgl. 9.30–17 Uhr | Erwachsene 39, Kinder ab drei Jahren 27 NZ$, darunter frei | 23 Tamaki Drive | kellytarltons.co.nz | 2 h*

STRÄNDE

Ideal für Familien: *Orewea Beach* ist ein drei Kilometer langer Strand mit sanftem Wellengang zirka 30 Autominuten von Downtown Auckland entfernt. Kinder können hier ungestört im Sand buddeln und im seichten Wasser baden. 45 Minuten vom Stadtzentrum entfernt lockt *Karekare Beach* (berühmt aus „Das Piano" von Jane Campion) mit seiner wilden Schönheit. Im Stadtteil *Takapuna* werden im Sommer kostenlos Filme am Strand gezeigt.

WELLNESS

IKOI SPA

Entspannen und sich dabei verjüngen: Das funktioniert am besten mit den Massagen, Gesichtsbehandlungen und Enzymbehandlungen im japanischen Ikoi Spa in Aucklands hübschen Viertel Takapuna mit seinem weißen Sandstrand. *Di–So 10–20 Uhr | 1 Huron Street | Tel. 09 489 18 18 | ikoispa.co.nz*

AUSGEHEN & FEIERN

Kneipen und Bars konzentrieren sich praktisch fußläufig in Hafennähe: rund um den *Britomart (Bahnhof), Viaduct Harbour, Wynyard Quarter* und im hippen *Ponsonby*.

DING DONG LOUNGE

INSIDER-TIPP
Kiwi-Rock in voller Lautstärke

Hier wohnt der Rock 'n' Roll: Im Keller legen DJs Grunge, Punk und Rock auf, und auf der Bühne im ersten Stock treten jede Woche von Mi–Sa Neuseelands beste Bands in der *Dead Witch Bar* auf. *Di–Sa 18–4 Uhr | 26 Wyndham Street | dingdonglounge nz.com*

BROKEN LANTERN

Trinken mit Stil: Hier mixen preisgekrönte Barkeeper Negronis und Mojitos im coolen Speakeasy-Ambiente. Craftbeer vom Fass, Burger und Pizza gibt's auch. *Mi–Do 16–1, Fr–So ab 12 Uhr | 198 Ponsonby Rd. | brokenlantern.co.nz*

RUND UM AUCKLAND

10 HAURAKI GULF ★

12 km/15 min von Auckland (Auto)

Riesiger Wasserspielplatz direkt vor der Haustür der „City of Sails", der sich bis zur Coromandel Peninsula erstreckt! Im Golf liegen bunt verteilt mehrere Meeresschutzgebiete und knapp 50 Inseln. Quasi in Spuckweite thront *Rangitoto*, unbestrittenes Naturdenkmal der Stadt und Jungspund unter Aucklands Vulkanen. Das letzte Mal ging er vor rund 600 Jahren hoch. Der *Halbtagsausflug (39 NZ$ | fullers.co.nz)* auf die Insel ist eine Kombi aus netter Bootstour mit Aufstieg zum Krater *(260 m, ca. 1 Std.)* durch Neuseelands größten Pohutukawa-Wald, vorbei an einer Lavahöhle. Der Blick vom Gipfel auf Auckland und den Golf ist ein 360-Grad-Panoramabild wert. *J4–5*

11 WAIHEKE ISLAND

40 km/40 min von Auckland (Fähre)

Perfekt für Gourmets und Slow-Traveller ist Waiheke Island, mit ca. 90 km² zweitgrößte Insel im Golf mit grünen Hügeln, kleinen Buchten, Weingütern und Wahnsinnshäusern. Auf Waiheke lebt eine Mischung aus reichen und alternativen Aucklandern. Die dreistündige *Inseltour (129 NZ$)* inkl. rasanter Zipline und Naturwanderung bietet *ecozipadventures.co.nz*. Danach einfach an einem der exquisiten Weingüter absetzen lassen, die leckeren *lunch platters* z. B. bei *Cable Bay Vineyards (cablebay.nz)* ergänzen die tolle Aussicht. Weitere Infos auf *waiheke.co.nz*. Die Fähren zu den Inseln im Golf fahren mehrmals täglich, Details unter *fullers.co.nz*. Wer lieber einen Abstecher in die Vergangenheit macht, sollte die drei Stunden lange Fährfahrt *(sealink.co.nz)* nach *Great Barrier Island* (s. S. 143) antreten. Er entdeckt ein Neuseeland wie vor 40 Jahren mit viel Grün, Stränden und wenig Menschen. Paradiesisch! *J5*

12 GOAT ISLAND MARINE RESERVE

85 km/1 h 10 min von Auckland (Auto)

Flossen an und Augen auf unter der Taucherbrille – schnorchel mit uralten Schnappern (je größer, desto älter – und diese hier sind wirklich groß!) rund um Goat Island bei Leigh. Nördlich von Auckland liegt das älteste Meeresschutzgebiet Neuseelands direkt an einem schmalen Strand. Die Insel selbst ist ein Naturreservat, das Betreten verboten. Kajak- und Schnorchelverleih *(goatislanddive.co.nz)* direkt am Strand. Das *Goat Island Discovery Centre (tgl. 10–16 Uhr | 9 NZ$ | 160 Goat Island Road | goatislandmarine.co.nz | 30 min)* den Hügel hinauf hat eine interessante interaktive Ausstellung zum Meeresschutzgebiet. *J4*

Schön abtauchen an der Küste vor Auckland, z. B. rund um Goat Island

COROMANDEL PENINSULA

(J–K5) **Sand zwischen den Zehen und in jeder Ritze (deines Autos) – bei einem Besuch dieser wunderschönen ★ Halbinsel ist ein Strandbesuch absolut obligatorisch.**

Whitianga ist ein idealer Ausgangsort zum Erkunden der Buchten der nördlichen Ostküste. Weiter südlich rund um Whangamata locken tolle Surfstrände und im Westen bietet der geschützte Meeresarm von Thames gute Bedingungen für Seevögel zum Überwintern. Mittendrin Goldgräberrelikte in einer Schlucht umgeben von einer grünen Bergkette. Die Schotterstraßen im Nordteil der Coromandel eröffnen Abenteurern mit eigenem Auto traumhafte Ausblicke die Küste hinunter.

ZIELE AUF DER COROMANDEL-HALBINSEL

13 COROMANDEL TOWN

Ein Magnet für Hippies, Esoteriker und skurrile Künstler – der verschlafene Ort an der Westküste der Halbinsel hat ein paar hübsche Häuschen im Kolonialstil, Cafés und Galerien. Legendär sind der 2016 verstorbene Töpfer Barry Brickell und seine *Driving Creek Railway (tgl. 10.30, 11.15, 12.45, 14.15, 15.45, 16.30, 18 Uhr | 37, Kinder 15 NZ$ | vorbuchen! | 380 Driving Creek Road | Tel. 07 8 66 87 03 | drivingcreek.nz)* – eine urige Schmalspurbahn durch regenerierten neuseeländischen Wald, ein persönliches Projekt des talentierten Naturschützers, mit Café und Galerie. Die einstündige Fahrt geht vorbei an Skulpturen und über Viadukte. Ein Teil des Ticketpreises fließt in die Wiederaufforstung. *J5*

14 WHITIANGA

Mit etwas Glück bekommst du im Paradies der Hochseeangler einen riesigen Blauen Marlin (an die 3 m!) mit seinem langen Speer zu sehen, wenn die Fischerboote mit ihrem Fang in der Marina landen.

Wer Meeresfrüchte lieber gleich auf seinem Teller hat, ist in Whitianga auch gut aufgehoben. *Stoked Bar & Restaurant (Fr–So 12–21, Do ab 17 Uhr | 19 The Esplanade | Tel. 07 8 66 00 29 | getstoked.co.nz | €–€€)* tischt frische Tigergarnelen und Grünlippmuscheln mit Blick auf die Mercury Bay auf. *J5*

15 PINNACLES TRACK

Eine anspruchsvolle Tageswanderung im herrlich grünen Trekkingparadies *Kauaeranga Valley* im Osten von Thames – mit Belohnung! Der Rundblick von den 759 m hohen Pinnacles ist atemberaubend – und das nicht nur, weil du nach dem vierstündigen Aufstieg durch dichten Nikau-Palmenwald mit Bachüberquerungen und Hängebrücken aus der Puste bist. Nach ca. drei Stunden bietet sich eine kurze Pause auf der gut ausgestatteten DOC-Hütte an. Die letzten 40 Minuten zum Gipfel sind recht abenteuerlich, Ketten und Leitern helfen über dramatische Felsformationen hinweg. Der Abstieg ist zwar weniger anstrengend, aber deine Knie werden sich über den Einsatz von Wanderstöcken freuen. Hoch und runter dieselbe Strecke oder in der DOC-Hütte *(Pinnacles Hut | 80 Betten | 25 NZ$/Nacht | online vorbuchen! | doc.govt.nz)* der Naturschutzbehörde übernachten und über die *Billygoat Tramline*, einen alten Holzfällerweg, zurück. *J5*

16 WHANGAMATA

Hier, an der Ostküste Coromandels, auf halbem Weg zwischen Waihi und Hot Water Beach, rennen alle in Surf-

Grüne Renaissance: durch dichten, aufgeforsteten Wald mit der Driving Creek Railway zuckeln

shorts und Flip-Flops rum – authentisches Kiwi-Strandleben mit Sand, Wellen und einer netten Cafészene im Ort. *Blackies Café (tgl. 7.30–15 Uhr | 418 Ocean Road | Tel. 07 8 65 98 34 | €)* in Strandnähe ist bei den Einheimischen beliebt, nicht zuletzt wohl wegen der superfreundlichen Bedienung.

Auf einer Stand-up-Paddel-Tour zur Donut Island, die eigentlich *Whenuakura Island* heißt, kommt schnell echtes Robinson-Crusoe-Feeling auf. Auf dieser runden Insel erwarten dich keine Backwaren, sondern mittendrin eine türkisfarbene Lagune, in die man durch ein Felsentor einfährt. Die geführte Tour auf dem Paddelboard bietet *Surfsup New Zealand (2 Std. | 68 NZ$ | Tel. 021 2 17 12 01 | surfsup.nz)* an, damit das Schiffbrüchigen-Feeling nur ein vorübergehendes bleibt. *K5*

17 KARANGAHAKE GORGE

In der grünen Berglandschaft rund um die Karangahake Gorge, die im Süden der Coromandel-Halbinsel Waihi und Paeroa verbindet, wären Elfen oder Hobbits gern zu Hause – die Ausblicke in die farnumwachsene Flussschlucht des Ohinemuri River sind märchenhaft. In der Gegend wurde von 1870 bis 1950 in vier Minen Gold abgebaut. Auf dem *Karangahake Tunnel Walk (Start beim Karangahake Car Park am SH2)* wanderst du auf eigene Faust entlang der alten Gleise für den Edelmetalltransport durch das üppige Grün und den rund 1 km langen alten Eisenbahntunnel. Und darfst dich dabei wie ein „Herr der Goldringe" fühlen. *J5*

Auch mit zwei linken Händen mühelos zu schaffen: Do-it-yourself-Pools am Hot Water Beach

ESSEN & TRINKEN

COROMANDEL MUSSEL KITCHEN

Grünlippmuscheln direkt aus dem Meeresarm von Thames. Zünftige Biergartenatmosphäre mit Selbstgebrautem aus der eigenen MK-Brauerei, z. B. *Gun Smoke Ale* oder *Gold Digger Pilsener.* 10 Min. von Coromandel Town. *Di–Do, So 10–16, Fr/Sa bis 20 Uhr | 20 309 Road/Ecke Manaia Road (SH25) | Tel. 07 8 66 77 27 | musselkitchen.co.nz | €–€€ |* *J5*

INSIDER-TIPP
Trink dich in den Goldrausch

MANAIA

Die Steinofenpizza ist hervorragend. Fisch, Fleisch sowie vegetarische Gerichte runden das Angebot ab. Beliebt bei Einheimischen und Touristen. *Tgl. ab 12 Uhr | 228 Main Road | Tairua | Tel. 07 8 64 90 50 | manaia.co.nz | €€ |* *K5*

STRÄNDE

18 NEW CHUMS BEACH

Einfach nur: wow! Ein 30-minütiger Weg führt von Whangapoua zu einem von Wald umsäumten, goldfarbenen Strand, auf den das unglaublich klare Wasser der Wainuiototo Bay schwappt. New Chums zählt zu den zehn besten Stränden Neuseelands. Zu Recht, wenn auch ein wenig ab vom Schuss im nördlichen Teil der Coromandel-Halbinsel. *J4*

19 HAHEI BEACH & CATHEDRAL COVE

Vom langen weißen Sandstrand in *Hahei* an der Ostseite der Halbinsel führt eine wunderschöne zweistündige Küstenwanderung zur malerischen *Cathedral Cove* mit ihren kathedralenartigen Kalksteinformationen im Meer. Wer mit dem Kajak *(div. Touren ab Hahei Beach | Tel. 0800 52 92 58 | kayaktours.co.nz)* zur Bucht paddelt, vermeidet das Gedränge auf dem Küstenweg und hat einen beeindruckenden Blick auf die Steilküste von unten. Parken in Hahei kann zur Hochsaison ein Albtraum sein. Ein Shuttle fährt vom Parkplatz am Ortseingang zum Start des *Cathedral Cove Walkways*. *K5*

20 HOT WATER BEACH

Eigener Hot Pool mit Meerblick gefällig? Dazu selbst gebuddelt – ganz nach dem Motto je tiefer, desto heißer? Geht problemlos am Hot Water Beach. Schaufeln gibt's vor Ort für ca. 5 NZ$ zu mieten. Und wenn das aus dem Sand aufsteigende Thermalwasser zu heiß wird, einfach in der Brandung abkühlen – eine Kneippkur auf Neuseeländisch. Die Buddelaktion solltest du frühestens zwei Stunden vor bis spätestens zwei Stunden nach Niedrigwasser starten, sonst ist Relaxen mit Schnorchel angesagt. Und ordne dieses Erlebnis am besten in der Kategorie „gesellig" ein, denn Poolnachbarn sind reichlich garantiert. Neben dem Strandparkplatz findest du einen pfiffigen *Kunsthandwerkershop (Facebook: MokoArt space)*. *K5*

21 WAIHI BEACH

15 Minuten vom Ort Waihi, der eher trostlos ist, liegt der ellenlange Sandstrand. Eindrucksvolle Ausblicke erlebst du auf dem 45-minütigen *Wanderweg* rüber zur Orokawa Bay, wo dich eine lang geschwungene Traumbucht erwartet. Einfach am nördlichen Ende des Strands parken und Abmarsch den Hügel hinauf. *K5*

WELLNESS

THE LOST SPRING

Kitschig-schön wie ein Wasserfallposter aus den 1980er-Jahren: In dichtem Regenwald versteckt sich diese Wellnessoase in Whitianga. Das Wasser in den Pools stammt aus 600 m Tiefe und steckt voller Mineralien. Wem ein Bad in diesem Naturwunder nicht reicht: Es gibt auch eine Bar, einen Spabereich und ein Restaurant. Anmeldung erforderlich. *Fr/Sa 9.30–21, So bis 19 Uhr | 121 A Cook Drive | Tel. 07 8 66 04 56 | thelostspring.co.nz | J5*

AUSGEHEN & FEIERN

The Pour House (Mo–Fr 17–21, Sa/So ab 12 Uhr | 7 Grange Road | thepour house.co.nz) nennt sich ein angesagtes Pub in Haihei mit schönem Biergarten und eigener Brauerei. Zu *Good as gold*-Craftbeer und Weinen aus der Gegend werden Pizza und Seafood gereicht. Legendär sind auch die Sommerkonzerte im *Coroglen Tavern (Di–So ab 12 Uhr | 1937 Tairua Whitianga Road | coroglentavern.co.nz)* in der gleichnamigen Ortschaft. Hier standen schon bekannte Kiwi-Bands wie Shapeshifter oder SixSixty auf der Open-Air-Bühne.

ROTORUA

(▯ K6) **Es dampft, es zischt, es blubbert! Und es stinkt nach faulen Eiern. Nase zu und durch, denn die geothermischen Phänomene in dieser Region können aufgrund der dünnen Erdkruste, die hier unter Spannung steht, einen wahrlich explosiven Eindruck hinterlassen.**

★ Rotorua liegt in der höchst aktiven *Taupo Volcanic Zone* und ist zugleich die Maori-Hochburg des Lands. Die Vorfahren der Te Arawa People sollen zu den ersten Menschen in Neuseeland gehört haben, und ihre heutigen Nachkommen sind sehr stolz auf ihre Kultur. Natürlich wird sie vermarktet – in Rotorua nehmen die Maori das selbst in die Hand, große Tourismusbetriebe sind im Besitz der Stämme. Auch die meisten Thermalparks der Region werden von den Te Arawa People betrieben. Die typischen kulturellen Vorstellungen sind zwar Show, aber dennoch authentische Darstellung ihrer lebendigen Kultur. Umrahmt wird die Stadt am Lake Rotorua von Pinienwäldern, ruhenden Vulkanen und Seen. Klar, dass der Ort (71 700 Ew.) ein Touristenmagnet ist: „Rotovegas" bietet das neuseeländische Komplettprogramm von Natur, Kultur und Abenteuersport.

SIGHTSEEING

GOVERNMENT GARDENS & ROTORUA MUSEUM

Gepflegte Gärten und englischer Rasen erweisen dem Mutterland des grünen Daumens in den Government Gardens alle Ehre. Täglich gibt es um 11 und 14 Uhr *kostenlose Führungen (Anmeldung unter Tel. 02 72 42 41 32)* durch die botanische Pracht. Einst das erste Kurbad der Stadt, wird dort heute die Kultur des Te-Arawa-Stamms und die Historie des alten Badehauses gezeigt. Der hübsche Bau im elisabethanischen Stil mutet mit seinem filigranen Fachwerk und den markanten roten Dächern an wie ein Häuschen aus einem Kindermärchen – im XXL-Format. *Derzeit ist das Haus wegen Erdbebensicherungsarbeiten geschl. 2025 soll es wieder öffnen | Government Gardens | rotoruamuseum.co.nz*

LAKE ROTORUA

Lake Rotorua ist der zweitgrößte See der Nordinsel und wie die meisten Seen der Region die Caldera eines vor etwa 140 000 Jahren ausgebrochenen Vulkans. Die Insel *Mokoia* in der Seemitte steht unter Naturschutz, ist bei den Maori heilig und wird von einer sagenhaften Liebesgeschichte umrankt. Weil ihr Vater Hinemoa verboten hatte, mit dem Kanu auf die Insel zu paddeln, wo ihr Liebster Tutanekai wartete, schwamm sie die drei Kilometer hinüber. Sie folgte dabei dem Klang der Flöte, die Tutanekai spielte. Heute kommt man leicht mit dem *K-Jet Watertaxi (tgl. | 119 NZ$ inkl. Guided Tour und Hot-Pools-Besuch | Tel. 0800 5 38 77 46 | nzjetboat.co.nz)* hinüber.

SKYLINE ROTORUA

Die Aussicht aus der Gondel über Stadt und See kannst du mit einem

Infotainment in Rotorua: Die Shows der Maori geben Einblicke in ihre reiche Kultur

wahrlich großzügigen neuseeländischen Büfett garnieren. Für Kalorienzähler eignet sich der Rückweg per Rodel: Der Adrenalinkick auf der Betonbahn hat schon die ein oder andere Kalorie verbrannt. *Tgl. 9–22 Uhr | ab 35 NZ$ | 178 Fairy Springs Road | Tel. 07 3 47 00 27 | skyline.co.nz/rotorua | Dinner €€€*

WHAKAREWAREWA & TE PUIA

Das Komplettprogramm in Rotorua: Hier erwartet dich das große Thermalgebiet Whakarewarewa, auch kurz *Whaka* genannt, ebenso wie das geistig-kulturelle Zentrum der Maori, *Te Puia*. Mit *Marae* (Versammlungsort), *Waka* (Kriegskanu) und *Pa* (befestigtes Dorf) bekommst du beeindruckende Beispiele der Maori-Baukunst zu sehen. Und die Shows mit den traditionellen Bräuchen bieten ziemlich gutes Infotainment: von *Powhiri*, der Willkommenszeremonie, und *Poi*, dem Tanz der Frauen, bis zum *Haka*, jenem Kriegstanz, bei dem zur Not die Zunge rausgestreckt wird, um den Gegner Maori-mäßig einzuschüchtern. Deutlich ruhiger geht es dagegen im *New Zealand Maori Arts and Crafts Institute* zu. Dort darfst du Maori-Handwerkern beim Schnitzen und Weben zuschauen.

Der geothermische Höhepunkt Whakas ist im wahrsten Sinn des Worts der bis zu 30 m hoch aufspritzende Geysir *Pohutu*, genannt, wen wundert's, „der große Spritzer". In den 1970ern wurde diesem Geysir der Saft abgezapft, die thermische Energie traditionell zum Heizen und Kochen genutzt. Inzwischen wurde das reguliert, und die geothermischen

Attraktionen stehen seitdem wieder unter Druck. Das Te-Puia-Angebot vervollständigen kochende Schlammtümpel, heiße Steine und ein Kiwi-Nachthaus.

Im Preis inbegriffen sind Führungen jeweils zur vollen Stunde, die Guides gehören dem lokalen Maori-Stamm an. Es gibt auch gute Kombipakete – mit Führung, Show und Büfett mit *Hangi*, dem deftigen, im Erdloch gegarten traditionellen Gericht der Maori: *Kumara* (Süßkartoffel), Wurzelgemüse und Fisch, Huhn oder Lamm ziehen für 3–4 Std. in der natürlichen Erdwärme. Danach ist man satt! *Tgl. 8–18, im Winter bis 17 Uhr | ab 54 NZ$ für eine Tagestour mit unterschiedlichen Zubuchungsmöglichkeiten, auch Abendtouren | Hemo Road | Tel. 0800 40 56 23 | tepuia.com*

Tamaki Maori Village (tgl. 17, 18.15 und 19.30 Uhr | 130 NZ$ | Tel. 0508 82 62 54 | tamakimaorivillage.co.nz) bietet eine ebenfalls lohnenswerte dreistündige kulturelle Abendshow mit Shuttle und Hangi-Büfett. Als erleuchtenden Bonus siehst du auf einem kleinen Buschspaziergang Glühwürmchen. Mit Shuttle vom Hotel.

ESSEN & TRINKEN

CAPERS

Das Café liegt mitten im Zentrum und serviert außer gutem Frühstück so köstliche Delikatessen wie Lamm in Rosmarinsoße und als süße Zugabe Zitronentarte. Nicht gerade günstig, aber lecker. *Tgl. 7–19 Uhr | 1181 Eruera Street | Tel. 07 3 48 88 18 | capers.co.nz | €€–€€€*

Geothermalfeld: ein nüchternes Wort für das aufregende Blubbern und Dampfen in Te Puia

TERRACE KITCHEN

Relaxtes Lokal mit unschlagbarem Service und zentraler Lage in Seenähe. Hausgemachte leichte Snacks, abends auch opulentere Gerichte wie neuseeländisches Lamm oder den Fang des Tages. *Tgl. ab 7.30 Uhr | 1029 Tutanekai Street | Tel. 07 4 60 12 29 | terrace.kitchen | €–€€€*

SHOPPEN

Souvenirs gibt es hier an jeder Ecke, etwa die typisch neuseeländischen Anhänger, wunderschöne Glücksbringer mit Maori-Symbolik aus Walknochen oder Jade. Aber pass auf beim Ursprungsland der Jade: China oder Neuseeland? Die Maori-Experten von *Puawai Jade (tgl. 10–17 Uhr | 1174 Whakaue Street | puawaijade.nz)* schnitzen selbst Kleinode aus heimischem Greenstone. Mit Tour hinter die Werkstattkulissen.

SPORT & SPASS

CANOPY TOURS

Sich einmal wie Tarzan durch die Baumkronen schwingen, und das in altem, ursprünglichem neuseeländischen Wald. Eine echte Seltenheit in einem Land, in dem die ersten Siedler nahezu alles abholzten. Ein Teil des Eintrittsgelds für die dreistündige Tour über Brücken, Stege und mit Ziplines hoch in den Wipfeln unterstützt ein Naturschutzprogramm der Betreiber. *Tgl. 8–20, Winter bis 18 Uhr | 159, Kinder 129 NZ$ | 147 Fairy Springs Road | Tel. 0800 22 66 79 | canopy tours.co.nz*

MOUNTAINBIKEN IN DEN REDWOODS

130 km Trails erwarten dich östlich von Rotorua in den herrlichen Redwoods, einem hügeligen Teil des Whakarewarewa Forest rund um die wunderschönen Blue und Green Lakes. Es gibt unterschiedliche Terrains, Distanzen und Schwierigkeitsgrade. Mountainbikes verleiht in Rotorua *Mountain Bike Rotorua (tgl. 9–17 Uhr | ab 39 NZ$/2 Std. | Tel. 0800 68 27 68 | mtbrotorua.co.nz)*. Weitere Infos: *Redwoods I-Site & Visitor Information Centre (Long Mile Road | redwoods.co.nz)*. Gleich neben dem Visitor Centre kannst du auch in einen *Treewalk (tgl. 9–22 Uhr | 35 NZ$)* durch die Redwoods einsteigen. Abends sogar mit Beleuchtung!

WELLNESS

POLYNESIAN SPA

Entspann doch einfach mal! Eine der ältesten, aber auch modernsten Spa-Anlagen der Stadt am Lake Rotorua, speist sich aus verschiedenen Thermalquellen. Es gibt größere Becken, private Pools und solche für ganze Familien. Natürlich werden auch Behandlungen angeboten – z. B. Schlammmassagen. Besonders romantisch ist ein Privatpool unterm Sternenhimmel im Winter. *Tgl. 8–23 Uhr | Privatpool für zwei Pers. ab 50 NZ$ | 1000 Hinemoa Street | Tel. 07 348 13 28 | polynesianspa.co.nz*

KUIRAU PARK

Gönn deinen geplagten Urlauberfüßen ein heißes Bad, und plauder dabei mit den Einheimischen in Rotoru-

Nicht unmittelbar einladend, aber Reingucken ist ein Erlebnis für sich: Vulkan Mount Tarawera

as einzigem öffentlichen Thermalpark mit Schlammpools, kleinem Kratersee und heißen Quellen. Immer schön auf der kalten Seite der Zäune bleiben! Rustikales Thermalvergnügen mitten in der Stadt. *Freier Zugang | Lake Road/ Ecke Ranolf Street*

RUND UM ROTORUA

22 WAI-O-TAPU

30 km/25 min von Rotorua (Auto)

Giftgrün, feuerrot und bleigrau – der Begriff farbenfroh bekommt eine neue Dimension in diesem eindrucksvollen 18 km² großen Thermalgebiet. Der Name bedeutet „heilige Wasser", und das optisch opulente Spektakel des *Thermal Wonderland* könnt ihr auf drei Rundwegen (30, 40, 75 Min.) erkunden. Der *Lady Knox Geysir* geht täglich kurz nach 10.15 Uhr hoch. Der Dame wird mit Seifenpulver etwas nachgeholfen, was verpackt in einen kleinen Vortrag einen gewissen Unterhaltungswert hat. *Tgl. 8.30–17 Uhr | 32,50 NZ$ | 201 Waiotapu Loop Road | waiotapu.co.nz | K7*

23 MOUNT TARAWERA

85 km/1 h 15 min von Rotorua (Auto)

INSIDER-TIPP **Abstieg in der Krater**

Du wolltest schon immer mal einen aktiven Vulkan von innen sehen? Dann buch einen abenteuerlichen Tagesausflug hinein in den Krater. Schon die einstündige Anfahrt von Rotorua im rustikalen 4-Wheel-Drive-Bus nach Osten ist spannend, genau wie der Aufstieg zum Kraterrand. Dort wirst du mit einem phänomenalen Ausblick belohnt. Anschließend schlitterst du auf erstarrter Lava hinunter in den roten Krater. Wer hohe Wanderstiefel hat, ist hier im Vorteil und muss nicht ständig seine Socken leeren.

1886 brach Mount Tarawera für sechs Stunden lang aus, 151 Menschen kamen ums Leben und die weltberühmten Pink-&-White-Sinterterrassen wurden verschüttet. Der letzte Ausbruch war 1981, es sollten dir also hoffentlich nur die Füße qualmen. Touren mit *Kaitiaki Adventures (Sommer 8.15 und 13.15, Winter 10 Uhr | 185 NZ$ | Tel. 0800 338736 | kaitiaki.co.nz).* *K6–7*

24 WHAKATANE & WHITE ISLAND

120 km/1 h 30 min von Rotorua (Auto)

Die Topattraktion der Stadt Whakatane eine Stunde von Rotorua im Osten der Bay of Plenty war lange Zeit White Island, eine dampfende, aktive Vulkaninsel 50 km vor der Küste, die das Ende der *Taupo Volcanic Zone* markiert. Seit dem 19. Dezember 2019, als dort 22 Menschen beim Ausbruch des *Whakaari*-Vulkans ums Leben kamen, ist die Insel für Besucher gesperrt. Heute sind ausschließlich Flüge mit der Propellermaschine *(249 NZ$ | Tel. 07 3087760 | whiteisland flights.co.nz.)* über die Insel möglich. Der *Whakaari Experience Room* im *Besucherzentrum (Mo–Fr 8.30–17.30, Sa–So 9–16 Uhr | Quay Street | whaka tane.com)* von Whakatane informiert mit einem Video und einer Ausstellung über White Island. Der Ort Whakatane an sich ist nicht übermäßig spannend, aber das östlich gelegene Ohope hat einen genialen, langen Surfstrand. *L6*

25 TAURANGA & MOUNT MAUNGANUI

63 km/1 h von Rotorua (Auto)

Tauranga (130 000 Ew.), Neuseelands fünftgrößte Stadt, boomt wie verrückt bei Aucklandern, die dem teuren „Big Smoke" den Rücken kehren. Das merkt man inzwischen auch am Verkehr. Hier liegt der zweitgrößte Hafen des Landes, der Ort selber hat nicht viel zu bieten; die Umgebung schon. An der *Bay of Plenty*, an der Tauranga liegt, scheint die Sonne öfter und länger als in anderen Teilen Neuseelands. Perfekte Bedingungen also für ausgiebiges Strandleben an endlosen weißen Sandstränden z. B. im benachbarten Mount Maunganui mit Blick auf den 230 m hohen, erloschenen Vulkan *(zu Fuß 1,5 Std. bis zum Gipfel oder 1 Std. unten rum)*: surfen, Beachvolleyball spielen oder Kaffee mit Meerblick schlürfen, z. B. im *Deckchair Café (tgl. 6.30–15.30 Uhr | 2 Marine Parade | deckchaircafe.co.nz)*. Oder du entspannst im Solebad: Die vor Kurzem renovierten *Mount Hot Pools (Mo–Sa 7–22, So 8–22 Uhr | 19 NZ$ | 9 Adams Av. | Tel. 07 5778551 | mounthotpools.co.nz)* bieten verschiedene Becken ab 34 Grad.

Geschäfte und Restaurants gibt's auf der Maunganui Road. Retro-Interieur und Biokost verbindet der *Mount Social Club (tgl. ab 8 Uhr | 305 Maunganui Road | Tel. 07 5747773 | social-*

INSIDER-TIPP
Jazz & Meeresrauschen

club.co.nz | €–€€). Gerappelt voll ist der Laden bei Konzerten von lokalen Musikern wie z. B. der Tauranga Jazz Society. Achtung: Die Unterkünfte an The Mount, wie der Kiwi sagt, sind zur Weihnachtszeit oft ausgebucht. K6

26 HOBBITON

85 km/1 h 15 min von Rotorua (Auto)

Wer auf haarige Füße steht und die Fahrt gen Nordwesten nicht scheut, ist an diesem lieblichen Spot in Matamata richtig. Spazier durch die originale Filmkulisse – das „Auenland" lebt hier weiter: mit seinen bunten Rundtüren vor den Hobbithöhlen, mit Minigärten inmitten einer Schaffarm – das Ganze eingebettet in grüne Hügelchen. Echte Hobbit- und Herr-der-Ringe-Fans nehmen selbstverständlich erst einmal ein Bier im Grünen Drachen vorm prasselnden Kaminfeuer. *Tgl. ab 9 Uhr | 89 NZ$ | vorbuchen! | 501 Buckland Road | Tel. 05084 46224866 | hobbitontours.com |* J6

27 WAITOMO GLOWWORM CAVES

140 km/1 h 50 min von Rotorua (Auto)

Caving vom Feinsten erwartet dich in den unterirdischen Waitomo-Höhlen – und für die Beleuchtung sorgen funkelnde Glühwürmchen. Dabei sind die neuseeländischen *glowworms* gar keine niedlichen Würmchen, sondern eher unromantisch-gefräßige Larven der Pilzmücke, die auch nicht vor Kannibalismus zurückschrecken. Je hungriger, desto kräftiger schimmern sie. Gewisse Enzyme – Luciferasen genannt – bringen die Larven zum Leuchten. Verschiedene Touren durch die drei Haupthöhlen mit Boot und zu Fuß findest du auf *waitomo.com*. Absolutes Highlight für Adrenalinjunkies ist die 4- oder 7-stündige *Lost World Tour (tgl. | ab 425 NZ$ | Tel. 0800 924866 | waitomo.co.nz)*. Dabei seilst du dich 100 m ab in mystische Tiefen und durchwanderst das verzweigte Höhlensystem – vorbei an Wasserfällen und gigantischen Tropfsteinen. Wer es etwas persönlicher mag – in der Nähe liegt die kleinere *Footwhistle Cave*, in der du den Massen der Waitomo Caves entkommst. *Cave World (ab 64 NZ$ | 23 Waitomo Village Road | Tel. 0800 228396 | caveworld.co.nz)* bietet dort täglich Kleingruppentouren mit Bush Walk an, auch unterirdisches Black Water Rafting.

Frische asiatisch-europäische Küche serviert im Örtchen *Waitomo* das *Huhu Café (Mo–Do 17–20 Uhr, Fr–So ab 12 Uhr | 10 Waitomo Caves Road | Tel. 07 8786674 | huhucafe.co.nz | €€)*, die Terrasse hat einen tollen Blick auf die grüne Landschaft mit großen Baumfarnen. Wer bleiben möchte, steigt im gut ausgestatteten Backpackerhostel *Kiwi Paka (11 Zi. | Hotel Access Road | Tel. 07 8783395 | waitomokiwipaka.co.nz | €)* ab. Superruhig gelegen, denn in Waitomo ist – abgesehen vom Höhlentourismus – der Hund begraben. Ein Highlight für Kinder gibt's aber noch: Im Nachbarort *Otorohanga* befindet sich das *Kiwi House (tgl. 9–17 Uhr | 24, Kinder ab 5 Jahren 8 NZ$ | 20 Alex Telfer Drive | kiwihouse.org.nz)*, eine Aufzuchtstation

Bilbos Sehnsuchtsort: In Hobbiton lebt das Auenland nach Drehschluss weiter

für Kiwis. Hier gibt es übrigens alles, was man sonst noch so braucht: frische Pizzen, Mehrbett- und Einzelzimmer oder urige Chalets. Und auch davon werden eure Kinder noch lange erzählen: In *Woodlyn Park (10 Zi. | 1177 Waitomo Valley Road | Tel. 07 8 78 66 66 | woodlynpark.co.nz | €€)* in Otorohanga übernachtet ihr mit ihnen in einem alten Flugzeug, einem Ausflugsdampfer oder in Höhlenwohnungen wie aus „Der Hobbit". *J6*

TAUPO

(K7) **Lake Taupo ist tief, riesig und steckt voller Maori-Mythen. Der See prägt das Panorama und die offene Atmosphäre der Stadt Taupo (36 200 Ew.) an seinem Nordostufer.** Diese Region ist wirklich sportverrückt. Kein Wunder, sie ist ein Outdoor-Paradies mit Möglichkeiten zum Radfahren und Forellenangeln, für Bootstouren und Ausflüge in geothermische Parks. Das kompakte Stadtzentrum bietet außerdem gute Einkaufsmöglichkeiten. Für den ersten Überblick am besten am Seeufer parken und die Aussicht auf die schneebedeckten Gipfel des Tongariro bewundern. Im ältesten neuseeländischen Nationalpark kannst du dich auf aktiven Vulkanen austoben: wandern, mountainbiken und sogar Ski fahren.

SIGHTSEEING

CRATERS OF THE MOON

Was qualmt denn hier so? Du sorgst besser dafür, dass es nicht deine Füße sind, und ziehst feste Schuhe für die-

Schaumschläger: Mit Jet-Booten kann man sich den Huka Falls nähern

sen spannenden Ausflug in das geothermische Feld etwa 5 km nördlich von Taupo an. Zwei Holzstege führen über 3 km durch die vulkanische Mondlandschaft mit blubbernden Kratern und Dampffontänen inmitten von Lavageröll. *Tgl. 10–16 Uhr | 8 NZ$ | Karapiti Road | cratersofthe moon.co.nz*

HUKA FALLS

Huka bedeutet Schaum in der Sprache der Maori, und der Name passt. Fünf Autominuten vom Zentrum liegt dieser tosende Wasserfall, bei dem sich 220 000 l blaustes Wasser pro Sekunde durch eine enge Schlucht pressen, bevor sie etwa 10 m tief wild schäumend in den Waikato River stürzen. Der *Lookout* von der Loop Road bietet eine tolle erhöhte Perspektive. Oder du lässt dich im Jet-Boot *(115 NZ$)* unterhalb der Fälle einschäumen. *Huka Falls Road | hukafalls.com*

LAKE TAUPO

Er ist abgründig und hat eine feurige Geschichte. Mit 186 m an der tiefsten Stelle und einer Fläche von rund 620 km² – also etwas größer als der Bodensee – ist Lake Taupo Neuseelands größter See. Er ist das Ergebnis eines heftigen Vulkanausbruchs um 180 n. Chr. Erkunde den See und die Maori-Felsritzungen in der *Mine Bay* 10 km südwestlich der Stadt– am besten während einer 2,5-stündigen Segeltour mit *Sail Fearless (ab 49 NZ$ | Taupo Marina | Tel. 022 189 18 47 | sailfearless.co.nz)* oder im Kajak *(Anbieter am See oder über die örtliche i-Site).* *J–K7*

ESSEN & TRINKEN

DIXIE BROWNS

Hier futterst du von morgens bis abends mit Blick auf den See. Die große Auswahl reicht von Wraps über Pizza bis zu handfesten Steaks für den großen Hunger. Die Dessertvitrine hat schon einige Gäste in Versuchung geführt. *Tgl. 6–22 Uhr | 38 Roberts Street | Tel. 07 3 78 84 44 | dixiebrowns.co.nz | €–€€*

REPLETE CAFÉ & STORE

Hell und geräumig mit gutem Frühstück. Ein Lieblingstreff von Einheimischen und Touristen. *Tgl. 8–16 Uhr | 45 Heuheu Street | replete.co.nz | €€*

SPORT & SPASS

RADFAHREN

Von der ebenerdigen Spazierfahrt am Seeufer bis hin zu Singletrails, von der einstündigen Tour bis zum dreitägigen Trail, geführt oder auf eigene Faust – Radfahrer und Mountainbiker haben rund um den Lake Taupo die Qual der Wahl. Top Trails sind *Huka Falls Way, Great Lake Trails* oder *Craters of the Moon Park*. Weitere Infos hat *greatlaketaupo.com*. Fahrradmiete und -Pick-ups organisiert *Adventure Shuttles (504 Mapara Road | Tel. 022 5 47 03 99 | adventureshuttles.co.nz)* fünf Minuten von Taupo entfernt.

WAKEBOARDEN

Wakeboarden, Wasserski für Fortgeschrittene an der langen Leine, kannst du im *Taupowake Park (4 Std. ab 75 NZ$ | vorab buchen | 201 Karetoto Road | Tel. 07 3 78 76 66 | taupowake park.com)* ausprobieren.

WELLNESS

WAIRAKEI TERRACES ☂

SIDER-TIPP
Quellen des Glücks

Heiße Dampfschwaden im Regenwald: In den 13 verschiedenen Mineralpools im Wairakei-Tal vergisst man die Zeit und steigt mit rosigen Wangen wieder aus dem heilenden Quellwasser. *Fr–Mi 8.30–21, Do bis 19 Uhr | 25 NZ$ | State Highway 1 | Wairakei | Tel. 07 3 78 09 13 | wairakeiterraces.co.nz*

RUND UM TAUPO

28 ORAKEI KORAKO

35 km/30 min von Taupo (Auto)

Das Besondere an diesem Thermalpark im Hidden Valley sind die *Ruatapu Caves*, äußerst seltene geothermische Höhlen. Aber auch der Rest des geothermischen Felds mit 23 aktiven natürlichen Geysiren, mit Thermalquellen, blubbernden Schlammpools und riesigen Sinterterrassen ist nicht von schlechten Eltern. Im Preis inbegriffen ist die Bootstour über einen kleinen See zu den Höhlen. *Tgl. 9–16 Uhr | 42 NZ$ | 494 Orakeikorako Road | orakeikorako.co.nz |* *K7*

29 TONGARIRO NATIONAL PARK

90 km/1 h 30 min von Taupo (Auto)

Schon von fern dramatisch: Aus der weiten Steppe ragen mystisch qualmende Vulkane mit schneebedeckten Gipfeln in den Himmel. Dicke Wolken fegen darüber hinweg, irre Ansichten wechseln ständig. Die Region südlich von Taupo ist ständig in Bewegung. *Mount Ngauruhoe* verzeichnete im 20. Jh. 45 Eruptionen, zuletzt 1975. Der Ausbruch des *Mount Ruapehu* 1953 kostete 151 Menschen das Leben. Andere verliefen glimpflicher, etwa 2007 mit einer großen Schlammlawine. Die geothermischen Aktivitäten werden ständig überwacht, das Frühwarnsystem funktioniert gut. Auf den 2000–3000 m hohen, aktiven Vulkanen kann man sicher Ski fahren

INSIDER-TIPP
Ski fahren auf dem Vulkan

oder wandern. Die ★ *Tongariro Alpine Crossing* zählt zu den beliebtesten Tageswanderungen der Welt. Zwischen fünf und acht Stunden dauert die Passage durch die surreale vulkanische Landschaft mit Wahnsinnsausblicken. Kleine Warnung: Du wirst dort oben nicht alleine sein ... Das Wetter muss mitspielen, und den Shuttle organisieren die Unterkünfte im Nationalpark oder von Taupo aus *Tongariro Expeditions (tgl. 6.30, 7.30, 8.30 Uhr | 35 NZ$, nur Hinfahrt | Tel. 0800 82 87 63 | tongariroexpeditions.com)*. Der *Taranaki Falls Walk* ist eine kürzere Alternative oder schöne Schlechtwetteroption: eine einfache, zweistündige Rundwanderung durch die vulkanische Landschaft mit Blick auf Mount Ruapehu und einen Wasserfall. Wanderungen an den Kraterrand mit *(Tel. 0800 42 92 55 | tongariroguidedwalks.nz)* oder ohne Führung sind (ur-)gewaltig!

Der Maori-Häuptling Te Heuheu übergab den Park 1887 an das neuseeländische Volk, gut hundert Jahre später adelte die Unesco den Tongariro National Park sowohl zum Weltkultur- als auch zum Weltnaturerbe. Das *Tongariro National Park Visitor Centre (tgl. 8–17, im Winter 8–16.30 Uhr | Eintritt frei | SH48 | doc.govt.nz)* in Whakapapa Village ist eine Fundgrube an Infos zu Maori-Mythen, Natur und Vulkanen und auch Startpunkt vieler Wanderungen.

Im Winter stehen zwei Skigebiete zur Auswahl: *Mount Ruapehu* in Whakapapa oder das etwas südlicher gelegene *Turoa*. Die Sessellifte fahren auch im Sommer – für ökonomische Wanderfreunde. Einkaufsmöglichkeiten und weitere Unterkünfte im Ort *National Park (Kreuzung SH4 und 47)*. 🕮 J8

Das sieht definitiv nach Schicksalsberg aus: Mount Ruapehu im Tongariro-Nationalpark

GISBORNE

(🕮 M7) **Raus aus den Federn! In Gisborne kannst du den berühmtesten Sonnenaufgang sehen, die Stadt sieht als erste weltweit das Tageslicht! Sie ist stolz auf ihre Geschichte, gingen hier doch nicht nur im 14. Jh. einige der ersten Maori an Land. Auch Captain Cook gab hier 1769 seine neuseeländische Premiere.**

„Gizzy", wie die rund 36 000 Bewohner ihre Stadt nennen, liegt in der ertragreichen Poverty Bay, wo die Sonne viel scheint, der Wein gedeiht und schmeckt, und Obstplantagen pralle Früchte hervorbringen. Nur der glücklose Captain Cook nannte sie „Armutsbucht", denn beim Landgang gab es Scharmützel mit den Maori, sodass die Crew sich ohne neuen Proviant wieder aus dem Staub machen musste.

Gisborne liegt im östlichsten Teil der Nordinsel, am Fuß des spektakulären East Cape, das von kleinen Maori-Siedlungen, malerischen Buchten und einsamen Surfstränden gesäumt ist. Nordwestlich der Stadt erstreckt sich im Landesinneren zwischen der Bay of Plenty und der Hawke's Bay der riesige Naturpark Te Urewera mit seinen Seen und unberührten Wäldern. Auf dem Weg nach Süden schließt sich die Weinregion Hawke's Bay mit der wunderschönen Mahia Peninsula an.

SIGHTSEEING

CAPTAIN-COOK-STATUE

Der britische Seefahrer folgt einem hier auf Schritt und Tritt – der hübsche, 1 km lange *River Walkway (Start am Waikanae Beach)* entlang der Turanganui und Taruheru River führt vorbei am großen Eroberer.

KAITHI HILL

Am Aussichtspunkt von Gisbornes Hausberg, auch Titirangi Hill genannt, erwartet dich eine weitere Captain-Cook-Statue, die der Witz der ganzen Stadt ist. Denn zum einen hat sie kaum Ähnlichkeit mit Cook, zum anderen ist seine Uniform eine italienische. Die Aussicht ist jedoch prima, und oben gibt's schöne, schattige Spazierwege in der grünen *Titirangi Domain*, wo sich einstmals ein Maori *Pa* – ein befestigtes Dorf – befand. Entweder den Queens Drive hochfahren oder eine kleine Trainingseinheit zu Fuß den Hügel rauf *(1–2 Std. hin & zurück)*.

ESSEN & TRINKEN

EASTEND CAFÉ

Kleines, unscheinbares Café mit überraschend guten Gerichten sowie exzellentem Kaffee. Der absolute Renner bei Stammgästen sind die Eggs Benedict! *Di–Sa 8–15 Uhr | 250 Marine Parade | Tel. 06 8 38 60 70 | €*

THE WHARF BAR & GRILL

Gepflegtes Ambiente direkt am Inner Harbour, wo der Wein mit Blick auf die netten Yachten gleich noch besser schmeckt. Vielseitige Speisekarte, am Wochenende auch Frühstück. *Di–Fr 11–21, Sa 9–21, So 9–15 Uhr | 60 The Esplanade | Tel. 06 2 81 00 35 | wharfbar.co.nz | €€*

600 m Pier in Tolaga Bay. Wie viele Angler da wohl draufpassen?

gang recht schön, aber rund um das East Cape findest du wesentlich schönere Exemplare. Z. B. den *Makorori Beach*; den legendären Surfstrand, nur 10 km vom Stadtzentrum Gisbornes entfernt, ist auch etwas für Badenixen: ein goldener Sandstrand mit Rock Pools.

WELLNESS

MORERE HOT SPRINGS

Viele Hotpools in Neuseeland verlangen mittlerweile Wucherpreise für ein Bad in heißem Quellwasser. Die Morere Hot Springs mit heißem Salzwasser hingegen sind noch bezahlbar! Sie verzichten auf aufwendiges Design, liegen aber dafür wunderschön in einem Wald voller Nikaupalmen. Gerade einmal 14 NZ$ kostet der Eintritt, ein Privatpool nur 4 NZ$ mehr. *Tgl. 10–17.15 Uhr | 3968 State Highway 2 | Tel. 06 8 37 88 56 | Facebook: Morere HotSprings*

SPORT & SPASS

SURFEN

Irgendwo findet man hier immer eine Welle. Kein Wunder, dass einige der besten Surfer Neuseelands aus Gisborne kommen. Brettverleih und Unterricht bieten die Profis von *New Wave NZ (Di–Fr 9–17, Sa bis 13, So 10–14 Uhr | 189 Awapuni Road | Tel. 06 8 67 14 39 | newwavenz.com).*

STRÄNDE

Der Stadtstrand *Waikanae* ist zwar lang und als Location bei Sonnenauf-

RUND UM GISBORNE

30 RERE ROCKSLIDE

50 km/45 min von Gisborne (Auto)

Wer Wasserrutschen liebt, findet nordwestlich von Gisborne sein Paradies: Auf 70 m schlitterst du auf der natürlichen Felsrutsche in einen ebenso natürlichen Felsenpool. Für Leute mit wenig Sitzfleisch sind Boogie

INSIDER-TIPP
Traumhaft & lang schlittern

Board oder Luftmatratze empfehlenswerte Stoßdämpfer. Rückwärtsrutscher bekommen garantiert den meisten Beifall. *Frei zugänglich | Wharekopae Road | Ngatapa |* 🕮 *L7*

31 TE UREWERA

160 km/2 h 20 min von Gisborne bis Aniwaniwa (Auto)

Ein abgelegener, verwunschener Märchenwald mit einem riesigen See, Wasserfällen und beeindruckenden Höhenzügen, in dem du ohne Weiteres verloren gehen kannst. Also schön auf den gut ausgebauten Wanderpfaden bleiben! In *Aniwaniwa* geht's los. Seit 2014 ist das größte ursprüngliche Waldgebiet ganz Neuseelands in der Hand der Tuhoi, eines mächtigen Maori-Stamms dieser Region, dessen Mitglieder sich auch die „Kinder des Nebels" nennen. Frühmorgens, wenn die Schleier über dem beeindruckenden *Lake Waikaremoana* aufziehen, versteht ihr dann auch, warum. Ihr könnt von Aniwaniwa aus Tagestouren oder einen drei- bis viertägigen (hügeligen!) *Great Walk* rund um den See mit fantastischen Aussichten unternehmen. Es gibt 40 DOC-Hütten im Park, die ihr auf *doc.govt.nz* vorbuchen könnt. 🕮 *K–L7*

32 TOLAGA BAY

55 km/45 min von Gisborne (Auto)

Der kleine Küstenort besitzt mit seinem über 600 m langen Pier ins Meer hinaus vor traumhafter Kulisse aus weißen Felsen, Strand und Flussmündung ein sehr beliebtes Fotomotiv und einen Lieblingsspot für Angler. 🕮 *M7*

33 EAST CAPE LIGHTHOUSE ★

190 km/3 h von Gisborne (Auto)

Ein Leuchtturm der Superlative – östlicher geht's nicht in Neuseeland. Danach kommt nur noch – Pazifik. Das East Cape ist einer der ersten Orte weltweit, an dem man den Sonnenaufgang erlebt. Frühsport inklusive, denn die 750 Stufen des Wanderwegs hoch zum Leuchtturm sind heftig, aber die gigantische Aussicht entlang der grünen Küste ist es wirklich wert. Den 15 m hohen Turm selbst kannst du nicht besteigen.

Plan für die Fahrt von Gisborne viel Zeit ein, denn auf deinem Weg reiht sich ein schöner Strand an den nächsten! Wäre doch schade, alle rechts liegen zu lassen. Wer am East Cape übernachten möchte, steuert am besten *Tokomaru Bay* oder die *Hick's Bay* an. *Lottin Point,* 40 Autominuten vom Leuchtturm entfernt, gilt als einer der besten Fishingspots des Landes. 🕮 *M6*

INSIDER-TIPP
Ozeanriesen angeln

34 MAHIA PENINSULA

105 km/1 h 15 min von Gisborne (Auto)

Noch ein absoluter Geheimtipp in der Hawke's Bay ist die Halbinsel Mahia südlich von Gisborne – ab vom Schuss und umrahmt von traumhaften Stränden mit kristallklarem Wasser. Erkunde die abenteuerliche, unbefestigte Küstenstraße Kinikini Road vorbei an steilen Kliffen, grünen Tälern und dem Blick über den Isthmus zum Festland. Ein klasse Panorama hast du vom *Mokotahi Hill* (20-Min.-Aufstieg) aus – das weißfelsige Kap ist das markante

Wahrzeichen der Halbinsel. Der *Mahia Beach Motel & Holiday Park (43 Moana Drive)* am Strand zur Hawke's Bay hat ein kleines Café namens *Funky Fish.* L-M8

35 NAPIER ★

215 km/3 h von Gisborne (Auto)

Wein, Fahrradwege und Architektur – die auf den ersten Blick eher unscheinbare Art-déco-Stadt Napier (61 000 Ew.) an der Hawke's Bay hat eine Menge zu bieten. Nach dem verheerenden Erdbeben, das die Bucht 1931 erschütterte und bei dem 256 Menschen umkamen, wurde die Stadt innerhalb von drei Jahren in typischer Jetzt-erst-recht-Manier wieder aufgebaut. Dabei verteilte man 147 Gebäude im Art-déco-Stil über die ganze City, die heute zu den am besten erhaltenen ihrer Art zählen. Mit Hilfe der *Art-déco Napier App (artdeconapier.com | 2 h)* lassen sich alle Gebäude abklappern. Die Stadt und der schöne Pier mit Blick auf das ferne Cape Kidnappers kannst du wunderbar zu Fuß oder mit dem Rad erkunden. Mit *Vintage Car Tours (hooters-hire.co.nz)* erkundet ihr die Stadt in einem alten Buick. Und in den Retroshops *Charleston Chic* und *Decorum* könnt ihr euch mit Kleidung im Stil der Zeit eindecken. Beim Art-déco-Weekend im Februar kleidet sich die ganze Stadt im Look der Golden Twenties.

INSIDER-TIPP
Zeitreise in die Goldenen Zwanziger

Im 20 km entfernten *Havelock North (K8)* liegt das erstklassige Weingut *Craggy Range Vineyard (253 Waimarama Road | craggyrange.com | €€€)* mit frisch renoviertem Restaurant – direkt am *Te Mata Peak*, der wiederum eine tolle Sicht über das umliegende Tal und die Bucht bietet.

Noch mal 20 km weiter südöstlich kannst du die Flugkünste der akrobatischen Basstölpel am *Cape Kidnappers (L8)* bewundern. Unternimm die 10 km lange Strandwanderung bei Ebbe zu den Nistplätzen der *Tölpelkolonie* oder lass dich mit dem Traktor von *Gannet Beach Adventures (ab 55 NZ$ | gannets.com)* fahren. Die Nistzeit der Vögel reicht von November bis Februar. K-L8

WHANGANUI NATIONAL PARK

(H-J8) **Whanganui ist ein ruhiges Städtchen (40 000 Ew.) mit wenig Attraktionen, das vor allem von dem Fluss lebt, an dessen Ufer es liegt: dem Whanganui River, Neuseelands längstem Fluss (290 km), der über weite Strecken durch den ★ Whanganui National Park führt.**

Die schöne *St. Pauls Memorial Church (20 Anaua Street)* voller Maori-Kunst solltest du dir aber trotzdem anschauen, bevor du im dichten Grün des Whanganui National Park verschwindest. Entweder auf dem Raddampfer *Waimarie (tgl. 11, 14 Uhr, ca. 2 Std. | ca. 49 NZ$ | waimarie.co.nz)* von 1899, der am Taupo Quay im Stadtzentrum ablegt, mit dem Auto entlang der

Huch! Ein Nachkriegswoodie mitten im Art-déco-Mekka? Kein Ding, in Napier ist man tolerant

Whanganui River Road oder ganz gemächlich mit dem Kanu oder Kajak.

SIGHTSEEING

WHANGANUI RIVER ROAD

Willkommen im Nirgendwo! Kaum hat dich der Urwald des Whanganui National Park kurz hinter Raetihi am SH4 verschlungen, verlierst du jeglichen Bezug zur Gegenwart – außer, dir kommt mal ein Auto auf der kurvenreichen Straße entgegen. Stell zwischendurch den Motor aus, um dem lauten Knistern der Insekten im Busch zu lauschen. Ab *Pipiriki* (25 km von Raetihi) schlängelt sich die Straße 79 km bis Whanganui direkt am Fluss entlang, vorbei an Maori-Versammlungshäusern mit kunstvoll geschnitzten Fassaden und vielen Aussichtspunkten oberhalb des Whanganui River. Dann taucht plötzlich mitten im dichten Grün die alte katholische Mission *Jerusalem (20 Betten/1 DZ | ab 30 NZ$ p. P. | Tel. 06 3 42 81 90 | compassion.org.nz)* auf. Kühe grasen vor der gelb-roten Holzkirche, und im Garten überwuchern Farne Marienstatuen. Verständlich, dass die Nonnen an diesem märchenhaften Ort ihren Frieden mit der Außenwelt geschlossen haben. Du kannst auch über Nacht bleiben: in einem Schlafsaal mit Doppelstockbetten oder einem Doppelzimmer mit Bad. Die perfekte Bettlektüre ist das „Jerusalem Daybook" des bekannten neuseeländischen Poeten James K. Baxter, der in den 1960ern in einer Hippiekommune am Whanganui River lebte. Vor der Tour tanken und Proviant einpacken! *J8*

Wie bei den Elben zu Hause: Kanutour auf dem zauberhaften Whanganui River

ESSEN & TRINKEN

THE YELLOW HOUSE

Gelb gestrichene Holzvilla mit schönem Garten voller Pflanzen nahe dem Fluss in Whanganui. Abwechslungsreiches *All day breakfast menu* mit Quinoa-Porridge, Eggs Benedict oder Buttermilch-Pfannkuchen. Zum Lunch gibt's Burger, Pasta und Fish & Chips. *Mo–Fr 8–16, Sa/So ab 8.30 Uhr | 17 Pitt Street | Tel. 06 3 45 00 83 | yellowhousecafe.co.nz | €*

SPORT & SPASS

WHANGANUI JOURNEY

So heißt einer von Neuseelands Great Walks, der in Wirklichkeit eine Kanutour auf dem Whanganui River ist. Er führt in 3–5 Tagen durch dichten Busch von *Taumarunui* (J7) *(etwa 160 km nördl. von Whanganui)* bis Pipiriki, lohnt aber auch in Teilstücken. *Taumarunui Canoe Hire (ab 70 NZ$ | 292 Hikumutu Road | Tel. 07 8 95 74 83 | taumarunuicanoehire.co.nz)* mit eigenem Freedom-Campingplatz verleiht Kanus, reserviert Hütten und Campingplätze entlang der Strecke und holt dich wieder ab.

RUND UM WHANGANUI

36 FORGOTTEN WORLD HIGHWAY

120 km/1 h 30 min von Whanganui bis Ausgangspunkt Stratford (Auto)

Sorg dafür, dass diese Straße nicht von der Welt vergessen wird! Denn dafür ist der *State Highway 43* zwischen Stratford und Taumarunui viel zu schön. Die Landstraße führt 150 km durch eine Fantasylandschaft mit grünen Hügeln, Schluchten und Wasserfällen vorbei an verlassenen Kohleminen bis hin zu Neuseelands einziger Republik *Whangamomona*, die schon von einem Pudel regiert wurde. Glaubst du nicht? Dann halt an und frag einen der 170 Einwohner. Im *Whangamomona Hotel (6018 Ohura Road | Tel. 06 7 62 58 23 | whangamomonahotel.co.nz | €–€€)* stempelt dir der Wirt sogar deinen Pass ab. Weil die Straße kaum befahren ist, kannst du an besonders schönen Stellen ruhig langsamer fahren – z. B. am Tangarakau River, der zwischen hohen Felswänden durch üppiges Grün fließt. So muss die Welt ausgesehen haben, als es noch Dinosaurier gab! *H8–J7*

37 MOUNT TARANAKI/EGMONT NATIONAL PARK

140 km/2 h von Whanganui (Auto)

Er ist mit 2518 m doppelt so hoch wie der Vesuv und ein äußerst launischer Vulkan: Mount Taranaki (auch Mount Egmont genannt) ist zwar schon seit über 300 Jahren nicht mehr ausgebrochen, aber das Wetter kann in Gipfelnähe innerhalb von Minuten umschlagen. Touren in unteren Lagen sind aber leicht zu meistern. Oberhalb des *Dawson Falls Visitor Centre (Manaia Road | Tel. 027 4 43 02 48 | doc.govt.nz)* des *Egmont National Park*, der den Berg umgibt, startet etwa der 80-minütige *Wilkies Pools Loop Track*. Er führt durch Märchenwälder voller moosbewachsener Bäume zum Kapuni River, wo du mit Blick auf den Mount Taranaki in versteinerten Lavapools baden kannst. Der beste Ort für Vulkanfotos ist die Aussichtsplattform beim *Egmont National Park Visitor Centre (2879 Egmont Road | doc.govt.nz)*. Zwischen Juni und Oktober kannst du den Vulkan auch auf Skiern und Snowboards hinuntersausen. Etwa 1500 m unterhalb des Kraterrands befindet sich das kleine Skigebiet *Manganui (skitaranaki.co.nz)* mit mehreren Schleppliften. *H8*

38 SURF HIGHWAY (SH 45)

90 km/1 h 10 min von Whanganui bis Ausgangspunkt Hawera (Auto)

Auf der einen Seite die Tasmansee, auf der anderen der Vulkan Mount Taranaki mit schneebedeckter Spitze: Entlang des Surf Highways 45 zwischen Hawera und New Plymouth (105 km) wirst du dich an der Natur nicht sattsehen können. Folgende Stopps lohnen sich: *Oakura*, wegen der vielen Künstler und Surfer und des *Arts Trail (oakuraarts.co.nz)* mit Galerien und Kunstwerkstätten. *Kumera Patch*, weil sich dort die besten Surfwellen auftürmen. *Komene Road*, weil sich dort auch Anfänger auf dem Board halten können. *G–H 7–8*

39 NEW PLYMOUTH

160 km/2 h von Whanganui (Auto)

Die 56 000-Einwohner-Stadt an der Tasmansee liegt weit ab vom Schuss, aber trotzdem am Puls der Zeit: Die *Govett-Brewster Art Gallery (tgl. 10–17 Uhr | 15 NZ$ | 42 Queen Street | govettbrewster.com)* mit ihrer futuristischen Spiegelfassade gilt als eine der besten Adressen für zeitgenössische Kunst in Neuseeland. Das interaktive *Puke Ariki Museum (Mo–Fr 9–18, Sa/So bis 17 Uhr | Eintritt frei | 1 Ariki Street | pukeariki.com | 1 h)* wirft einen sehr anschaulichen Blick auf die Maori-Kultur und Entstehungsgeschichte der Gegend. Auch sonst sticht die Stadt gern aus der Masse hervor: mit erstklassigen Restaurants, z. B. *Social Kitchen (40 Powderham Street | Tel. 06 7 57 27 11 | social-kitchen.co.nz | €€)*, dem 7 km langen *Coastal Walkway* am *Fitzroy-Surfstrand* und einem der besten botanischen Gärten Neuseelands. Der 52 h große *Pukekura Park (10 Fillis Street)* ist eine zauberhafte Stadtoase mit hohen Bäumen, Seen, Wasserfällen und Ruderbooten. *H7*

WELLINGTON

(H10) **„Windy" Wellington zählt zu den stürmischsten Städten der Welt. Die neuseeländische Hauptstadt (210 000 Ew.) am Südende der Nordinsel liegt an der berüchtigten Cook Strait, die wie eine Art Windkanal zwischen Nord- und Südinsel wirkt.**

Aber Schlecht-Wetter-Krisen kommen nicht auf, denn Wellington bietet mit Museen, Parlament und Parks kompaktes Sightseeing mit Wohlfühlfaktor, dazu herausragende Gastronomie – und das Ganze in schönster Lage am Meer. An der Waterfront liegt auch der *Sculpture Trail* – ein Spaziergang führt vorbei an Skulpturen neuseeländischer Künstler.

Für eine Hauptstadt ist Wellington ziemlich entspannt, das Stadtleben ist eine gelungene Mischung aus künstlerisch-alternativer Szene auf der *Cuba Street* und Schlipsträgern am *Lambton Quay*, der Haupteinkaufsstraße, an deren Ende das neuseeländische Parlament sitzt. Allenfalls dort kommt so etwas wie Metropolenfeeling auf. Vielleicht erklärt sich die Entspanntheit aus dem geologischen Pulverfass, auf dem die Stadt sitzt: Wellington liegt nahe der Wairarapa-Verwerfungslinie und ist eine der erdbebengefährdetsten Städte Neuseelands, was *wellingtonquakelive.co.nz* beeindruckend darstellt.

WOHIN ZUERST?

Waterfront: An der Hafenpromenade stellst du den Wagen ab und bist gleich mittendrin. In der Stadt der kurzen Wege liegen Sehenswürdigkeiten wie das Nationalmuseum Te Papa und tolle Gastronomie am Hafen. Von hier aus kannst du etwa in die Cuba Street schlendern und dort Kunstgalerien besuchen oder die Graffitikunst an den Häuserwänden bestaunen.

SIGHTSEEING

TE PAPA TONGAREWA (MUSEUM OF NEW ZEALAND) ★

„Ort der Schätze" bedeutet der Te-Reo-Name dieses hochmodernen Museums, de facto Neuseelands Nationalmuseum. Und Schätze sind hier wirklich reichlich

im Angebot: Masken, an denen sich die Bedeutung der *moko*, der traditionellen Gesichtstattoos der Maori, ablesen lässt. Dinosaurierzähne und Tierpräparate, Skulpturen aus Federn, Fotos aus der Gründerzeit der Nation, Arbeiten zeitgenössischer Künstler usw. Das alles ist sehr unterhaltsam, z.T. interaktiv aufbereitet und umsonst. Schwerpunkte von Te Papa sind Ausstellungen zu Natur und polynesischer Geschichte, zur Maori-Kultur und Geologie des Lands. Herausragend ist die Ausstellung über den 1. Weltkrieg, *Gallipoli*, die Hobbit-Regisseur Peter Jackson mit den Weta Studios realisierte. Schöner Shop und nette Cafés. Mindestens zwei Stunden oder mehr für den Besuch einplanen! *Tgl. 10–18 Uhr | Eintritt frei | 55 Cable Street | tepapa.govt.nz | ⏲ 2–3 h*

NEW ZEALAND PARLIAMENT

Beehive – Bienenstock – wird der 70 m hohe, runde Betonbau, in dem die Ministerien (selbstverständlich...) emsig arbeiten, liebevoll genannt. Der Beehive ist mit den *Parliament Buildings* verbunden, an die wiederum die *Parlamentarische Bibliothek* anschließt. Im *Plenarsaal* (à la Westminster) können Zuschauer die Rededuelle der öffentlichen Sitzungen verfolgen. 120 Abgeordnete entscheiden hier über das Wohlergehen von Aotearoa, sieben davon sind Vertreter der Maori. Interessant ist die kostenlose Führung durch Parlaments- und Bibliotheksgebäude *(tgl. 10–16 Uhr alle halbe Stunde | Reservierung Tel. 04 8 17 95 03 | parliament.nz | ⏲ 1 h)*, wo du im Keller die Erdbeben-Stoßdämpfer bewundern kannst – wenn alles wackelt,

Wer mit der Cablecar den Hügel erklimmt, genießt einen tollen Blick auf Wellington

soll zumindest das Parlament unerschütterlich stehen. *Molesworth Street*

CABLECAR

Die kleine, rote Bahn transportiert euch vom Lambton Quay auf 122 m Höhe in den Stadtteil Kelburn. Wer die nette Aussicht auf City und Hafen mit ein paar Infos garnieren möchte, der erfährt dort oben im kleinen *Museum (tgl. 10–17 Uhr | Eintritt frei)* etwas über die Geschichte der Cablecar oder kann die Sternenwelt über Wellington im *Space Place (Di, Fr, Sa 10–23, Mo, Mi, Do, So 10–17 Uhr | 14 NZ$ | museumswellington.org.nz/space-place)* erkunden.

Der Weg hinunter führt durch die hübschen *Botanic Gardens* mit dichtem Busch, heimischen und exotischen Pflanzen wieder zurück in die Stadt. *Mo–Mi 7.30–20, Do–Fr 7.30–21, Sa 8.30–21, So 8.30–20 Uhr, je alle 10 Min. | 5 NZ$/einfache Fahrt | wellingtoncablecar.co.nz*

ZEALANDIA

Kiwis, Takahe und Tuataras nur fünf Minuten vom Zentrum entfernt: Weltweit einmalig ist dieses Naturreservat mit urwüchsiger Vegetation mitten in der Stadt. Auf 30 km Wegen findest du seltene einheimische Vögel, Reptilien und Insekten wie z. B. die *Weta*, das gruselige, einer Heuschrecke ähnliche Monsterinsekt, das durch die gleichnamigen Studios zu Weltruhm gelangte. Absolut spannend ist die 2,5-stündige Tour *Zealandia by Night (Start gegen Sonnenuntergang)* mit einem sachkundigen Guide, bei der du mit Glück einen nachtaktiven Kiwi siehst oder hörst. Warm anziehen, auch im Sommer! *Tgl. 9–17 Uhr | 23, Night Tour 85 NZ$ | Waiapu Road | visitzealandia.com*

MOUNT VICTORIA

Vom 196 m hohen Stadtberg hast du einen herrlichen Rundumblick über die Region Wellington, den Hafen bis nach Lower Hutt, die Cook Straight und die (erdbebensicheren) Holzhäuschen an den Hängen. Spazier- und Mountainbikewege winden sich den Mount Victoria hinauf bzw. hinunter und sorgen für immer wieder neue, tolle Aussichten. *Oberhalb der Oriental Parade*

WETA WORKSHOP

Lebensgroße Modelle und original Requisiten aus Filmen wie „Der Hobbit", „King Kong" oder „Herr der Ringe": Bei einer 45-minütigen Tour durch das oscarprämierte Studio für Spezialeffekte und Kostümdesign in Wellington (gibt's auch in Auckland) wird sehr anschaulich vermittelt, wie man Fantasiefiguren am Computer zum Leben erweckt. *49, Kinder 25 NZ$, Tickets vorab online buchen | Weka Street/Ecke Camperdown Road | wetaworkshop.com*

ESSEN & TRINKEN

Feinschmecker mit dickem, aber auch mit schlankem Geldbeutel können hier so richtig schwelgen – Wellington punktet mit einigen der besten Restaurants landesweit. Auf der *Cuba Street* gibt's günstige Fresstempel, an der *Waterfront* nette Restaurants der oberen Preisklasse.

Schlechten Kaffee gibt es nicht in der Stadt, die den Flat White erfunden hat. Unzählige Cafés konkurrieren in Wellington um den Titel „Best Coffee in town". In die Top Five schafften es 2021: *Havana, Peoples Coffee, Coffee Supreme, Raglan Roast und Café L'Affarre.*

INSIDER-TIPP
Café-Hopping an Regentagen

Vor allem an Schlechtwettertagen lässt es sich gut von einem Café zum anderen hopsen.

KARAKA CAFÉ

In diesem Hafenrestaurant ist alles kiwi: Musik, Dekor und Gerichte – das deftige Hangi, zartes Lamm und frische Muscheln. Dazu trinkt man Wein oder Bier made in Aotearoa. Die Drinks kannst du auch auf bequemen Bean Bags draußen in der Sonne genießen. *Tgl. Frühstück & Lunch, Fr/Sa auch Dinner | 2 Taranaki Street | Tel. 04 9 16 83 69 | karakacafe.co.nz | €–€€*

CAPITOL

Auf puren Geschmack ohne viel Schnickschnack setzt Koch Tom Hutchinson in seinem Restaurant mit italienisch angehauchten Speisen. Sein Geheimnis: Er verwendet nur ausgewählte Zutaten aus der Region, die gerade Saison haben. Entsprechend unverstellt schmecken Muscheln, Lamm und Fisch – angerichtet mit Risotto, Focaccia oder Gnocchi. *Mi–So 17–23 Uhr | 10 Kent Terrace | Tel. 04 3 84 28 55 | capitolrestaurant.co.nz | €€*

FLORIDITAS

Helles, modernes Restaurant auf der Cuba Street, wo jeder Gast wie ein alter Bekannter begrüßt wird. Hervorragendes Essen mit außergewöhnlichen Gerichten wie Schwertfisch an Risotto oder gegrillter Entenkeule. Die Desserts sind absolut teller-abschleck-reif! *Mo–Sa 7–22 Uhr | 161 Cuba Street | bookings@floriditas.co.nz | floriditas.co.nz | €€–€€€*

SHOPPEN

Mode, Hightech und Sportläden findest du auf dem *Lambton Key*, alternative Kunst und Krimskrams auf der *Cuba Street* bei *Iko Iko (118 Cuba Mall | ikoiko.co.nz)* oder *Cosmic (97 Cuba Street | cosmicnz.co.nz)*. Authentisches Maori-Kunsthandwerk bieten etwa *Ora Gallery (23 Allen Street | www.ora.co.nz)* oder *Maori Arts Gallery (1 Boatshed | Frank Kitts Park | maori-arts-gallery.myshopify.com)*.

STRÄNDE

Wellingtons schönste Strände liegen an der *Island Bay*, der *Oriental Parade* (citynah) und der *Lyall Bay* mit Ausblick auf die Südinsel.

AUSGEHEN & FEIERN

Feiern können sie gut, die Wellingtonians. Die meisten Kneipen und Bars liegen am *Hafen* oder am *Courtenay Place*.

LIBRARY BAR

Sollte dir der Gesprächsstoff ausgehen, findest du hier Alternativen. Die urige Kneipe mit Tapaskarte ist vollgestopft mit alten Büchern. Schräges Ambiente mit interessanten Avantgardecocktails. *Mo–Do ab 17, Fr–So ab 16 Uhr | 53 Courtenay Place | thelibrary.co.nz*

FÄHREN

Bei Sturm ist die Fährüberfährt zur Südinsel ein bewegendes Erlebnis,

Der seltene Kaka ohne du lässt sich mit etwas Glück auf Kapiti Island erspähen

bei klarem Wetter wunderschön erholsam. Die Fähre von *Interislander (ab Aotea Quay, ca. 2 km vom Zentrum | Tel. 0800 80 28 02 oder 04 4 98 33 02 | greatjourneysofnz.co.nz/interislander)* schippert fünfmal täglich in knapp drei Stunden rüber zur Südinsel. Der Konkurrent *Bluebridge (Tel. 0800 84 48 44 oder 04 4 71 61 88 | bluebridge.co.nz)* legt viermal täglich gegenüber dem Hauptbahnhof vom Waterloo Quay ab. Autofähren in der Hochsaison vorbuchen! Es lohnt ein Vergleich der beiden Anbieter.

RUND UM WELLINGTON

40 KAPITI COAST

45 km/40 min von Wellington (Auto)

Nördlich von Wellington triffst du auf über 40 km wilder Strände mit kleinen, charmanten Orten umgeben von Wäldern und Bergen – Kapiti Coast. Eine Fährfahrt entfernt liegt *Kapiti Island*, ein Naturschutzgebiet mit vielen seltenen Vögeln wie Kiwi, Kaka und dem hübschen *saddleback* (Sattelvogel). Das Meer rund um die Insel ist ebenfalls Reservat, und mit etwas Glück kannst du bei der Überfahrt Delfine sehen. Zwei Wanderwege führen auf den 520 m hohen *Tuteremoana*, besonders die Steilküste auf seiner Westseite ist spektakulär. Der Inselbesuch ist limitiert, du brauchst eine Erlaubnis vom DOC *(wellingtonvc@doc.govt.nz)*, die du vorab per Mail beantragen kannst. Auch die Bootsfahrt mit *Kapiti Island Eco Experience (ca. 85 NZ$ | Tel. 0800 43 37 79 | kapitiisland eco.co.nz)* oder *Kapiti Island Nature Tours (ca. 82 NZ$ | Tel. 0800 52 74 84 | kapitiisland.com)* von Paraparaumu aus solltest du vorab organisieren. Oder du buchst beim zweiten Veranstalter gleich das Komplettprogramm *(ca. 185 NZ$)* inkl. naturkundlicher Führung.

Im *Queen Elizabeth Park* kurz hinter Paekakariki an der Kapiti Coast kannst du dich in endlosen Sanddünen verlieren, surfen, herrliche Wanderungen oder Ausritte mit *Kapiti Stables (Tel. 027 35 50 30 46 | kapitistables.com)* unternehmen. *H–J10*

41 MARTINBOROUGH

80 km/1 h 15 min von Wellington (Auto)

Das nette Dorf mit charmanten alten Gebäuden umgeben von einem Flickwerk aus Weiden und Rebstöcken liegt in der Weinregion *Wairarapa* – in Nachbarschaft einiger der bekanntesten Weingüter ganz Neuseelands, *Ata Rangi (atarangi.co.nz)* etwa oder *Palliser (palliser.co.nz)*. Fahrradtouren zu den Winzern *(greenjersey.co.nz)* oder eine Weintour *(flatearth.co.nz)* ab Wellington garantieren, dass du die guten Tropfen auch verkosten kannst.

Am *Cape Palliser (J11)* wacht ein hübscher Leuchtturm über den südlichsten Punkt der Nordinsel *(1 Std. ab Martinborough)* mit faulenzenden Pelzrobben auf den Felsen. Anfahrt und Ausblick auf die wilde Küste bieten unzählige Fotomotive. *J10*

DIE SÜDINSEL

FILMREIFES TERRAIN

Auf der Südinsel leben weniger Menschen als auf der Nordinsel, aber dafür eine Million mehr Schafe. Es gibt auch reichlich Platz, nur gut ein Fünftel aller Neuseeländer (ca. 1,1 Mio.) leben hier. Die Landschaft ist so leer, dass sich hier leicht Filme drehen lassen, die in anderen Jahrhunderten spielen. Locationscouts haben die Wahl zwischen Regenwäldern, Bergen, Gletschern, Flüssen, Stränden, Seen und alten Goldgräberorten. Die Landschaften sind so abwechslungsreich wie das Wetter. Vier Jahreszeiten an einem Tag sind keine Seltenheit.

Landschaft wie nicht von dieser Welt: Lake Erskine im Fiordland National Park

Südländer kombinieren deshalb gern Shorts und Plastiksandalen mit Daunenjacken. Wo gewinnt die Südinsel noch gegenüber der Nordinsel? Es gibt weniger Staus (aus Mangel an echten Großstädten) und mehr Holzhackwettbewerbe (man muss sich ja die Zeit vertreiben). Mehr Nationalparks (neun von 14), größere Skigebiete, die besten Austern, mehr Sonnenstunden im Sommer, aber auch mehr antarktische Winde. Kurz: Auf der Südinsel spielt Mutter Erde die Hauptrolle, der Mensch ist bloß Statist – aber in einem einzigartigen Naturspektakel!

DIE SÜDINSEL

MARCO POLO HIGHLIGHTS

★ **TASMAN GLACIER LAKE CRUISE**
Mit Booten zwischen Eisbergen umherfahren ➤ S. 121

★ **LAKE TEKAPO**
Hellblau leuchtender Traumsee – umgeben von Bergen ➤ S. 122

★ **KAIKOURA**
Pottwale sichten und fangfrische Langusten probieren ➤ S. 98

★ **CATLINS**
Kaum Touristen, aber grandiose Natur mit Seelöwen und Pinguinen ➤ S. 106

★ **GLETSCHER IM REGENWALD**
An Franz-Josef-Gletscher und Fox Glacier trifft Eis auf üppiges Grün. ➤ S. 122, 124

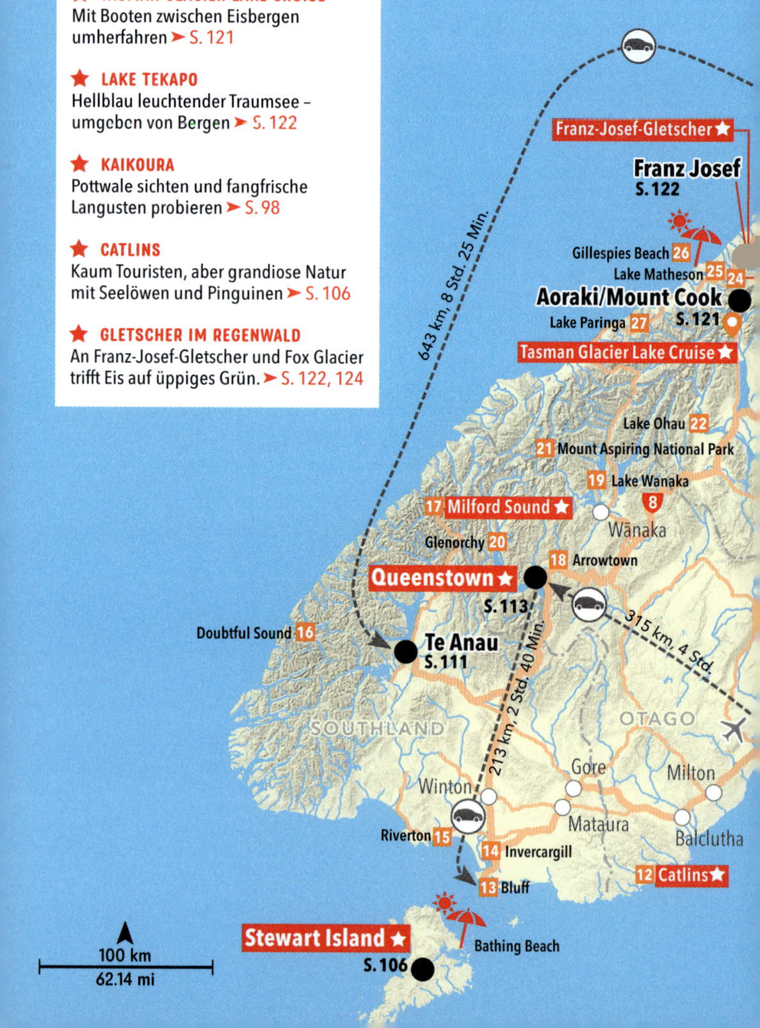

MARCO POLO HIGHLIGHTS

★ **ABEL TASMAN NATIONAL PARK**
Herrlich wandern durch Urwald und über goldene Strände ➤ S. 131

★ **MARLBOROUGH SOUNDS**
Verzweigte Fjordlandschaft mit jadegrünem Wasser und Unterkünften im Urwald ➤ S. 91

★ **QUEENSTOWN**
Funsport-Ort der Superlative am blitzeblauen Lake Wakatipu ➤ S. 113

★ **STEWART ISLAND**
Kiwis beobachten und Fotos von knallroten Sonnenuntergängen sammeln ➤ S. 106

★ **MILFORD SOUND**
Fjord mit schroffen Felswänden und Wasserfällen. So fotogen! ➤ S. 112

PICTON

(◫ H10) **Jedes Mal, wenn eine Fähre von der Nordinsel anlegt, erwacht der 3000-Einwohner-Ort am Queen Charlotte Sound zum Leben. Dann füllen sich Restaurants und Cafés an der Waterfront und die Geschäfte der Tourenveranstalter, die Trips in die Marlborough Sounds organisieren.** Leuchtend grünes Wasser und schöne historische Gebäude: Bleib ruhig eine Nacht, und probier in den vielen ausgezeichneten Lokalen frischen Fisch. Oder wander auf dem *Tirohanga Track (45 Min.)* direkt vom Hafen zu einem Aussichtspunkt mit Traumblick über die Sounds. Wer weiterfahren will: Der *Queen Charlotte Drive* führt von Picton auf kurviger Straße 40 km nach Havelock an stillen Buchten vorbei. Halt unbedingt am *Lookout* am *Cullens Point*, und füll deine Speicherkarte mit Fjordfotos!

ESSEN & TRINKEN

LE CAFÉ

Wunderbare Form der Kalorienzufuhr: Lamm- und Fischgerichte mit Blick aufs glitzernde Grün des Queen Charlotte Sound. Biozutaten aus lokalem Anbau, leckeres Bier, regelmäßig Livemusik. *Tgl. 7–24 Uhr | 12–14 London Quay | Tel. 03 5 73 55 88 | lecafepicton.co.nz | €*

SPORT & SPASS

BOOTSTOUREN

Wie wäre es mit einer Kajaktour durch die besonders stillen Gewässer des Queen Charlotte Sound? Eine 3,5-Std.-Tour mit der *Marlborough Sounds Adventure Company (Tel. 03 5 73 60 78 | marlboroughsounds.co.nz)* kostet ca. 105 NZ$. Oder soll es lieber eine *Cruise & Lunch Tour (120 NZ$ | Tel. 0800 50 40 90 | cougarline.co.nz)* zur *Furneaux Lodge* (Grünschalenmuscheln!) im dichten Grün am Ufer am *Edeavour Inlet* sein? Beides schön!

DOLPHIN CRUISE

Das Schwimmen mit Delfinen ist in den ruhigen Gewässern der Marlborough Sounds besonders sicher. Es reicht aber auch (Kinder dürfen erst ab acht Jahren mit ins Wasser), sich die Sprünge der Bottlenose- und Hektor-Delfine vom Boot aus anzusehen. *E-Ko Tours (99, Kinder ab fünf Jahren 55 NZ$; Bootstour & Schwimmen mit Delfinen 165, Kinder 135 NZ$ | 1 Wellington Street | Tel. 03 5 73 80 40 | e-ko.nz)* starten in Picton.

SEGELN

INSIDER-TIPP
Leinen los in Richtung Vergangenheit

Auf der *Steadfast*, dem Nachbau eines französischen Segelkutters von 1913, könnt ihr lautlos durch den Queen Charlotte Sound gleiten. *3 Std./95, Kinder 55 NZ$ inkl. Verpflegung | Tel. 03 5 76 52 98 | steadfastsail.co.nz*

WANDERN

Der beliebte *Queen Charlotte Track* windet sich 70 km durch Busch und über Berge mit Blick auf jadegrüne Fjorde. 4–5 Tage dauert die Tour, du kannst dich aber auch von Picton aus mit dem Boot am Track absetzen las-

Aufwachen! Die Fähre kommt! Pictons Leben pulsiert im Takt des Fahrplans

sen und nur einen Teil der Strecke laufen, z. B. beim *1 day guided walk* mit *Wilderness Guides (365 NZ$ | Tel. 03 5735432 | wildernessguidesnz.com)* ab Picton.

RUND UM PICTON

1 MARLBOROUGH SOUNDS ★

50 km/1 h 15 min von Picton bis Cowshed Bay (Auto)

50 Shades of Green: Das spiegelglatte Wasser glänzt wie polierte Jade, und das Ufer ist von feuchtdunklem Urwald überzogen. In zirpender Vegetation stehen Häuser tollkühn auf Felsvorsprüngen, und am Ufer verstecken sich unzählige kleine Buchten. 20 Prozent der Küste Neuseelands (!) liegen in den Marlborough Sounds – entsprechend viel gibt es zu entdecken in dieser Fjordlandschaft, die laut Maori-Legende von den Tentakeln einer Riesenkrake ausgehoben wurde. Tatsächlich handelt es sich um überflutete Täler, in denen heute Delfine schwimmen und Grünschalmuscheln wachsen. Wer mit Zelt oder Wohnmobil unterwegs ist, findet z. B. entlang des *Kenepuru Sound* viele Ministrände zum Campen. Besonders hübsch sind *Cowshed Bay, Nikau Cove* und *Picnic Bay*. Ein Ort zum Zeitvergessen ist die *Nydia Bay Lodge (24 Betten | Tel. 03 5798411 | onthetracklodge.nz | €€)*, wo du in Holzchalets, mongolischen Jurten oder in einem alten Zugwaggon schlafen kannst. Am besten

Fotogen: dunkle Pelzrobbe auf den weißen Felsen von Cape Campbell

lässt du dich dort vom ⚑ *Pelorus-Sound-Postboot (1,5 Std. ab Havelock | Tel. 03 5 74 10 88 | themailboat.co.nz)* absetzen und verbringst gleich mehrere Tage meilenweit von Straßen entfernt mit Kajakfahren, Schnorcheln und Wanderungen entlang des *Nydia Track*. *G–H10*

2 D'URVILLE ISLAND

90 km/1 h 50 min von Picton auf Schotterpiste bis Okiwi Bay (Auto), dann 15 Min. mit der Fähre

Einsamer geht's kaum: Auf D'Urville Island am nördlichen Ende der Marlborough Sounds leben nur 52 Menschen auf einer Fläche, die größer ist als Sylt und Amrum zusammen. Die Anfahrt ist recht abenteuerlich, lohnt sich aber. Von Okiwi Bay fährst du etwa eine Stunde auf einer unbefestigten Straße mit filmreifer Aussicht auf grüne Klippen und Meer. Am Ende der Straße liegt *French Pass*, wo sich regelmäßig im Meer gigantische Whirlpools bilden, die durch die Gezeitenströmungen ausgelöst werden. Mit der kleinen *Autofähre (Tel. 03 5 76 53 30 | durvillecrossings.co.nz)* setzt du von hier über. Die wenigen Fischer und Naturschützer, die auf D'Urville Island leben, freuen sich über Besuch und verraten dir gern, wo du am besten *blue cod* und *snapper* fischst und welche Wanderungen durch die urwüchsige Wildnis sich lohnen. Im *Wilderness Resort (6 Zi. | Rural Bag 1211 Rai Valley | Tel. 03 5 76 52 68 | durvilleisland.co.nz | €€)* nächtigst du in Holzhütten am Strand. *Driftwood Eco Tours (driftwoodecotours.co.nz)* bietet mehrtägige Trips inkl. Anfahrt. *G–H10*

3 BLENHEIM

30 km/25 min von Picton (Auto)

Du bist kein Weinkenner und willst auch nie einer werden? Dann gib acht, wenn du dich Blenheim näherst. Denn rund um die Kleinstadt in Neuseelands größtem Weinanbaugebiet *Marlborough* (75 % aller NZ-Weine stammen von hier) ist die Gefahr groß, dass du schon bald über Weingläser gebeugt an edlen Tropfen schnüffelst. Die preisgekrönten Sauvignon Blancs der Gegend schmecken einfach zu gut – vor allem, wenn du ein Glas

Cloudy Bay direkt am Strand von *Cloudy Bay* trinkst oder dir auf dem Weingut *Hans Herzog (81 Jeffries Road | herzog.co.nz)* Rebsäfte gönnst, die auf den Hügeln rund ums Anwesen gewachsen sind. Bei *Fahrrad-Weintouren (ab Renwick | Tel. 03 5 72 79 54 | wine toursbybike.co.nz)* kannst du von einem Gut zum nächsten kurven (hoffentlich nicht in Schlangenlinien) oder entlang des *Marlborough Wine Trail (wine-marlborough.co.nz)* mit dem Auto neue Sorten entdecken. Ein Fest für die Geschmacksnerven ist der Mittagstisch auf dem Weingut *Wairu River (tgl. 11.30–15 Uhr | 11 Rapaura Road | wairauriverwines.com | €€)*. Alle Köstlichkeiten der Region (z. B. Lachs und Garnelen) kommen hier auf den Teller. *H10–11*

4 CAPE CAMPBELL

80 km/90 min von Picton (Auto)

Einsame Spitze: Der über 100 Jahre alte *Leuchtturm* auf einem Felsen am Meer spielte neben Michael Fassbender und Alicia Vikander die Hauptrolle in dem Hollywoodstreifen „The Light between Oceans". Das schwarz-weiß geringelte Gebäude liegt auf den weißen Klippen von Cape Campbell an der Clifford Bay in absoluter Einsamkeit. Die einzigen Lebewesen, die dir hier begegnen, sind Pelzrobben am Strand.

SIDER-TIPP
Im Filmset schlafen

Am Fuß des Lighthouse übernachtest du in dem *Cottage* mit Holzveranda aus dem Film *(180 NZ$/Nacht | 505 Cape Campbell Road | Seddon | Tel. 021 1 83 90 61 | experiencecapecampbell.co.nz)*. Wildromantisch! *H11*

CHRIST-CHURCH

(F13) **Innerhalb weniger Minuten wurde das einstmals hübsche historische Christchurch in eine Ruinenlandschaft verwandelt: Bei dem starken Erdbeben am 22. Februar 2011 kamen 185 Menschen ums Leben, und die gesamte Innenstadt rund um den zentralen Cathedral Square fiel mehr oder minder in sich zusammen.**

Mehr als zehn Jahre danach entsteht die größte Stadt der Südinsel (380 000 Ew.) langsam neu aus den Trümmern. Weil Christchurch an vielen Orten noch immer wie eine große Baustelle wirkt, hat sich in den vergangenen Jahren eine Art Erdbebentourismus entwickelt. Eine zweistündige *Personalised Walking Tour (90 NZ$ pro Pers., 30 NZ$ für jede weitere Pers. |*

WOHIN ZUERST?

Arts Centre: Das zu größten Teilen renovierte historische Gebäude liegt zentral auf dem Worcester Boulevard. Von dort erreichst du die meisten Attraktionen der Innenstadt bequem zu Fuß. Es fährt auch eine kleine, auf alt gemachte Hop-on-Hop-off-Tram einmal rund um die Innenstadt. Die meisten Busse starten ab dem *Bus Interchange (Lichfield/Ecke Colombo Street)* in alle Richtungen inkl. Flughafen.

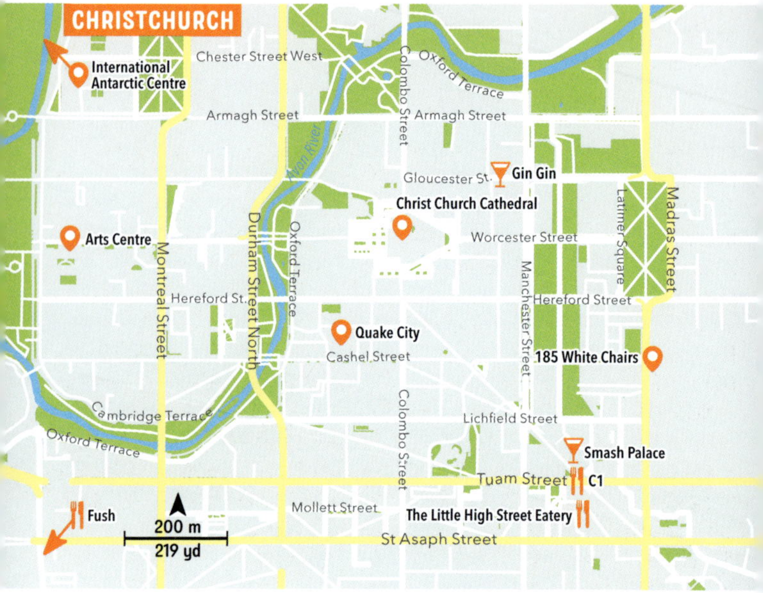

kimsworld.co.nz) bietet Kim McDonald an. Mit ihren Gästen erkundet die Stadtführerin historische Ruinen und teilt spannende Hintergründe zum Wiederaufbau. Der zerstörte Musikpavillon *Edmonds Band Rotunda* am Ufer des Avon River wurde z.B. 2021 wieder neu eröffnet. Wer über den Rand der Innenstadt blickt, entdeckt in den Außenbezirken von Christchurch faszinierend kontrastreiche Landschaften: an der Ostküste lange, wilde Sandstrände, dazu der geschäftige *Lyttelton Harbour* inmitten eines grünen Vulkankraters. Das grüne Herz von Christchurch schlägt nur wenige Schritte vom Stadtzentrum entfernt. In den über 150 Jahre alten *Botanic Gardens* mit viel heimischer Flora ragen mächtige Eichen und Sequoia Trees majestätisch in den Himmel, und Brautpaare posieren auf den Brücken des Avon Rivers.

SIGHTSEEING

ARTS CENTRE

Zwei Drittel des erdbebengeschädigten Kunstzentrums sind heute wieder in Betrieb. In dem neogotischen Gebäude befinden sich Galerien mit zeitgenössischer Kunst aus Neuseeland, Kunsthandwerksläden und sogar ein kleines *Kino (lumierecinemas.co.nz)*. Bei Märkten und Konzerten könnt ihr einen Hauch der „Jetzt erst recht"-Energie schnuppern. *Tgl. 10–17 Uhr | 2 Worcester Blvd. | artscentre.org.nz*

CHRIST CHURCH CATHEDRAL

Vor dem Beben war die Kathedrale von 1864 die meistbesuchte Sehenswürdigkeit von Christchurch. Und selbst als Ruine ist sie noch immer ein Touristenmagnet. Die zerstörte Kirche im neugotischen Stil auf dem *Cathedral Square* ist ein beeindruckendes Mahnmal der verheerenden Kraft des Erdbebens von 2011. Der Wiederaufbau wird über 104 Mio. NZ$ kosten. 2028 soll dieser abgeschlossen sein. Nur 5 Minuten Fußweg entfernt liegt als Kontrast die aus Pappe gebaute ⚑ *Transitional Cathedral (tgl. 9–17 Uhr | 234 Hereford Street | cardboard cathedral.org.nz).*

QUAKE CITY

Interessante, multimediale Ausstellung des *Canterbury-Museums* über das Erdbeben und seine Folgen. *Tgl. 10–16 Uhr | Eintritt 20 NZ$ | 299 Durham Street North/Ecke Armagh Street | canterburymuseum.com | 1 h*

185 WHITE CHAIRS

Die leeren weißen Stühle des Künstlers Peter Majendie sind eine beklemmende Erinnerung an die 185 Opfer des Erdbebens. *Manchester/Ecke Kilmore Street*

INTERNATIONAL ANTARCTIC CENTRE

Hier wird's ungemütlich – in einem simulierten antarktischen Sturm bei minus 18 Grad erlebst du hautnah, was die neuseeländischen Forscher in der Antarktis so alles mitmachen müssen, und vieles mehr rund um den Südpol. Niedlich ist die Fütterung der drolligen Zwergpinguine. *Tgl. 9–16 Uhr | ab 49 NZ$ | 38 Orchard Road | iceberg.co.nz | 1,5 h*

ESSEN & TRINKEN

THE LITTLE HIGH STREET EATERY

In der Eatery locken gleich acht Lokale unter einem Dach mit Pizza, Sushi und karibischen Köstlichkeiten. *Tgl. 11–22 Uhr | 255 Asaph Street | Tel. 02 1 02 08 44 44 | littlehigh.co.nz | €–€€*

C1

Kultcafé, in dem superleckere Burgerkreationen – *slider* – durch Hochdruckschläuche buchstäblich von der Küche ins Lokal geschossen werden. Für Vegetarier und Allergiker ist ebenfalls gesorgt. C1 unterstützt nachhaltige Projekte in Samoa und röstet seinen eigenen Kaffee. *Tgl 7–22 Uhr | 185 High Street | c1espresso.co.nz | €*

FUSH

In diesem Seafoodlokal wird jeder Gast mit einem freundlichen „Kia Ora" begrüßt. Denn neben Kiwi-Klassikern wie Grünlippmuscheln oder Fischburgern steht in dem Famlienbetrieb *Manaakitanga,* die Gastfreundschaft der Maori, im Mittelpunkt. Die Meeresfrüchte stammen aus nachhaltigem Fang und die Fish & Chips gelten völlig zu Recht als die besten der Stadt. *Tgl. 12–20.30 Uhr | 104 the Runway | Tel. 03 2 60 11 77 | fushshorebro.co.nz | €*

INSIDER-TIPP
Fish & Chips de luxe!

SPORT & SPASS

MARGARET MAHY PLAYGROUND

Der größte Spielplatz der Südhalbkugel appelliert an den Spieltrieb von

Groß und Klein. Gemeinsam mit euren Kindern könnt ihr hier Trampolin springen, euch in Wasserfontänen erfrischen oder einen der Elektrogrills in der Picknick-Area nutzen. *177 Armagh Street*

WELLNESS

HE PUNA TAIMOANA

Fünf Hotpools mit verschiedenen Temperaturen und eine Sauna mit Meeresblick: Die Wellnessanlage am New Brighton Beach ist das ideale Ziel an Regentagen – oder wenn man sich nach einem Bad im kalten Pazifik aufwärmen möchte. Gleich in der Nähe liegt ein beliebter Wasserspielplatz für Kinder. *Tgl. 10–19.30 Uhr | 195 Marine Parade | 19, Kinder 14 NZ$ | Tel 03 9417818 | hepunataimoana.co.nz*

FESTE

BREAD & CIRCUS FESTIVAL

Jeden April wird der *Victoria Square* zehn Tage lang zur Bühne für Straßenkünstler aus dem ganzen Land. Ein kostenloses Spektakel mit Foodtrucks und Retro-Riesenrad. *breadandcircus.co.nz*

AUSGEHEN & FEIERN

GIN GIN

In der stylishen Cocktailbar möchte man alles fotografieren: das bonbonfarbene Interieur, das an Wes Andersons Filme erinnert, und die kunstvoll dekorierten Drinks. *Di–Fr 16–1, Sa–So 13–1 Uhr | 4–6 New Regent Street | gingin.co.nz*

SMASH PALACE

Die Bar Good Bye Blue Monday wurde beim Erdbeben 2011 zerstört und er-

Die Hafeneinfahrt von Akaroa, gefühltes Frankreich down under, ziert ein kleiner Leuchtturm

öffnete zwei Jahre später als Smash Palace wieder. Sie besteht aus alten Bussen und Containern und ist eine der besten Adressen für Bier und Burger in Christchurch. Unbedingt das selbstgebraute *Boodgie Beer* probieren! *Di–Do ab 15, Fr/Sa 12 bis open end, So 12–18 Uhr | 172 High Street | thesmashpalace.co.nz*

RUND UM CHRIST-CHURCH

5 TRANZALPINE EXPRESS

4 km/7 min vom Zentrum zum Bahnhof im Stadtteil Addington (Auto)

Füße hoch, Augen auf: Knapp fünf Stunden braucht der Zug von Christchurch nach Greymouth an der Westküste – wunderschön geht es durch die kargen Canterbury Plains mit tiefblauen, reißenden Flüssen, über hohe Viadukte und den beeindruckenden *Arthur's Pass* vorbei an schneebedeckten Gipfeln. *Tgl. 8.15 Uhr ab Christchurch Railway Station | 1 Std. Pause in Greymouth, dort Abfahrt 14.05 Uhr, zurück in Christchurch 18 Uhr | einf. Fahrt ab 139 NZ$ | Tel. 0800 872467 | greatjourneysofnz.co.nz |* *E–F 12–13*

6 LYTTELTON HARBOUR

12 km/15 min von Christchurch (Auto)

In Lyttelton Harbour verbringst du einen schönen halben Tag. Das Hafenbecken liegt in einem Vulkankrater, umgeben von den 446 m hohen *Port Hills*. Von dort oben hast du eine Aussicht der Kontraste: im Westen die schneebedeckten Südalpen und im Osten die Banks Peninsula. Die Station der *Christchurch Gondola (tgl. 10–17 Uhr | ab 35 NZ$ | 10 Bridle Path Road | Heathcote Valley | christchurch attractions.nz)* liegt am SH 74 zum Straßentunnel nach Lyttelton.

Du kannst auch das Rad von Christchurch aus nehmen, denn in den Port Hills gibt es viele Mountainbikestrecken *(onyourbike.co.nz)*: Hinfahrt durch den Lyttelton-Tunnel *(Tunnel Road)* und zurück durch die netten Badeorte *Sumner* und *New Brighton* über die aussichtsreiche *Summit* und *Evans Pass Road*. Ein klasse Restaurant direkt am Strand von Sumner ist *Beach Sumner (tgl. | 25 Esplanade | Tel. 03 3267226 | beachsumner.co.nz | €–€€)*. *F13*

7 BANKS PENINSULA

70 km/1 h 10 min von Christchurch (Auto)

Schon Fahrt zur grünen vulkanischen Halbinsel ist ein Fest für die Augen. Auf der Halbinsel versuchten die Franzosen 1840 Neuseeland den Briten streitig zu machen. Allerdings fünf Tage zu spät, denn da war der Vertrag von Waitangi schon unterzeichnet. Trotzdem heißt es in der herausgeputzten Hafenstadt *Akaroa (akaroa.com)* immer noch „Vive la France!". Mit entsprechenden Straßennamen, Baguette und dem jährlichen *Frenchfest* im Oktober wird dies auch touristisch *très bien* vermarktet. Mit french chic punktet das *Boutique Bed & Breakfast*

Vor Kaikoura finden große Meeressäuger reichlich Superfood – zur Freude der Whale Watcher

French Bayhouse (frenchbayhouse.co.nz) in einer Holzvilla von 1874. Kunterbunt ist der Mosaikgarten im skurrilen *Giant's House (Okt.–April tgl. 11–16, Mai–Sept. bis 14 Uhr | 22,50 NZ$ | 68 Rue Balguerie | thegiantshouse.co.nz)* der extravaganten Künstlerin Josie Martin. Tipp: An Tagen einer Kreuzfahrtschiffinvasion den Ort am besten meiden! Als Alternative bietet sich dann eine Wanderung über die Kraterränder der alten Vulkane an, heute grüne Hügel mit Schafen, zum *Stony Bay Peak*. Nette Badestrände liegen in der *Okains Bay* mit Campingplatz und Kiosk. Im geschützten *Naturhafen* von Akaroa wimmelt es vor seltenen Meerestieren – etwa den winzigen Hector-Delfinen, mit denen du sogar schwimmen oder sie während der *Black Cat Cruises (Akaroa Main Wharf | tgl. mehrere Touren: Schwimmen 199 NZ$, Tierbeobachtung 95 NZ$ | Tel. 0800 937946 | blackcat.co.nz)* beobachten kannst. G13

8 KAIKOURA ★

180 km/2 h 25 min von Christchurch (Auto)

Die riesige Flosse eines Buckelwals gleitet majestätisch in die Tiefe. Orcas, Schwarzdelfine und Seevögel ergänzen das ozeanische Spektakel vor der Kulisse der schneebedeckten Berge der Kaikoura Ranges. Atemberaubend! Das Whale-Watch-Mekka Neuseelands ist ein Magnet für Meerestiere, denn im tiefen Kaikoura Canyon trifft warmes, subtropisches auf kaltes, antarktisches Wasser, was einen nährstoffreichen Superfoodmix hervorbringt. Sogar der riesige Pottwal schöpft hier aus dem Vollen. Es kann stürmisch werden, also am besten morgens raus aufs Wasser mit *Whale Watch Kaikoura (ab 150, Kinder 60 NZ$ | Whaleway Station Road | Tel. 0800 65 51 21 | whalewatch.co.nz)*. Den Blick auf einen Wal vom Hubschrauber aus wirst du dein Leben lang nicht vergessen: Whalewatching von oben bietet *Kaikoura Helicopters (Tel. 0800 4 55 43 54 | worldofwhales.co.nz)*. *Dolphin Encounter (96 Esplanade | Tel. 0800 73 33 65 | dolphinencounter.co.nz)* hat mehrere Touren täglich im Programm: Schwimmen mit Delfinen ab 220 NZ$. Wer lieber selbst aktiv wird, bucht eine Sonnenuntergangskajaktour oder kommt bei einer Pedalkajaktour mit *Seal Kayak Kaikoura (tgl. | ab 105 NZ$, auch Guided Family Tour ab 105, Kinder 69 NZ$ | 2 Beach Road | Tel. 0800 3 87 73 25 | sealkayakkaikoura.com)* den Bewohnern der örtlichen *Robbenkolonie* nah.

Das heftige Erdbeben von 2016 hatte den kleinen Ort Kaikoura (2000 Ew.) lange von der Außenwelt abgeschnitten. Der Meeresboden wurde um mehrere Meter emporgehoben, was Auswirkungen auf das Ökosystem hatte. Inzwischen sind Wale und Touristen zurückgekehrt. Kaikoura heißt auf Maori Langustenmahlzeit. Gigantische Portionen schlemmt man fünf Minuten vom Zentrum in *The Pier Hotel (1 Avoca Street | Tel. 03 3 19 50 37 | thepierhotel.co.nz | €–€€)* mit Blick auf die Berge. Günstiger sind Lobster, Muscheln und Flusskrebse am beliebten Foodtruck *Nins Bin (tgl. 9–21.30 Uhr | State Highway 1 | Facebook: nins bin kaikoura)*. Eine Institution seit 1977. *G12*

DUNEDIN

(D16) **Studentenkultur meets Kolonialarchitektur: Die Unistadt ist ein Mix aus prächtigen viktorianischen Bauten aus der Zeit des Goldrauschs und renovierungsbedürftigen Studentenbuden. Auch das Wetter in Dunedin (sprich Dunniedin) ist abwechslungsreich: An manchen Tagen ist morgens Hochsommer und nachmittags Herbst. Hinfahren solltest du trotzdem.**

Denn wenn in der einstigen schottischen Enklave (Dunedin ist der alte gälische Name für Edinburgh) die Sonne rauskommt, bringt sie die grüne Hügellandschaft rund um Neusee-

WOHIN ZUERST?

Octagon: Wenn die Einheimischen sagen: „I'm gonna go into town", meinen sie die George Street mit ihren Geschäften und Cafés, die zum zentralen Platz Octagon führt, von dem Straßen in alle Himmelsrichtungen abgehen. Bahnhof, Toitu Otago Settlers Museum und St. Paul's Cathedral sind von hier zu Fuß erreichbar. Zum St. Clair Beach fährt der Bus Nr. 8 in ca. 30 Minuten (Haltestellen an der George Street).

lands alte Hauptstadt zum Leuchten. Im Sommer schaukeln die Surfer noch um zehn Uhr abends auf den Wellen am St. Clair Beach und schwärmen danach in den Cafés an der Uferpromenade vom konstant guten *swell* in der weltweit unter Surfern bekannten Bucht. Das Wasser wird selten wärmer als 17 Grad, aber dafür ist es im *Salt Water Pool* im Meer an den Klippen angenehm warm. Gelegentlich ruhen sich Seehunde und Pinguine auf den Felsen rund um das Schwimmbad aus. Das erinnert einen daran, wie weit südlich man sich befindet. Dass Dunedin am Ende der Welt liegt, spürt man dort, wo historische Gebäude verfallen, weil sie keiner mehr braucht.

INSIDER-TIPP
Beheizter Pool im kalten Ozean

Dann wieder ist die Stadt quicklebendig: etwa samstags, wenn beim *Farmers Market* am Bahnhof Ökohipster Selbsterzeugtes verkaufen und zwischen den Ständen Bands spielen. 20 000 Studenten bringen zusätzlich Schwung in die 130 000-Einwohner-Stadt, in der es eine lebendige Café- und Livemusikszene *(dunedinmusic.com)* gibt. Die Lebensqualität ist hoch: Die Häuser sind (noch) bezahlbar, die Menschen extrem freundlich und bis zum nächsten einsamen Strand fährt man nie länger als 20 Minuten.

SIGHTSEEING

EXPERIENCE DUNEDIN

Auf einem Trike für fünf Personen zeigt Andrew Sim seinen Gästen die Otago Peninsula und die schönsten Ecken seiner Heimatstadt. Mit Stopps an der Uni, Chinese Gardens und Railway Station. *60 Min./75 NZ$ | Tel. 021 2 63 32 61 | experiencedunedin.com*

RAILWAY STATION

Einst bestieg am Bahnhof im flämischen Neorenaissancestil (1907) die feine Gesellschaft in Kleid und Zylinder die Züge. Heute warten Touristen in bunten Outdoorjacken auf die *Dundin Railsways* (s. S. 103), die sie zu verschiedenen Ausflugsorten bringt. *Anzac Avenue*

TOITU OTAGO SETTLERS MUSEUM

Wie sah es im Inneren der ersten Einwandererschiffe aus Europa aus? Wie lebten die Maori nach ihrer Ankunft aus Polynesien? Das über 100 Jahre alte Museum beschäftigt sich sehr anschaulich mit den Anfängen menschlicher Besiedelung in Otago. *Tgl. 10–17 Uhr | Eintritt frei | 31 Queens Garden | toituosm.com | 1,5 h*

OTAGO MUSEUM

Moa-Skelette, Maori-Kanus und der Reisepass von Sir Edmund Hillary: In dem mehrstöckigen Museum mit eigenem Planetarium kommt man Neuseelands Geschichte schnell näher. *Tgl. 10–17 Uhr | Eintritt frei bzw. gegen Spende | 419 Great King Street | otago museum.n | 2 h*

BOTANIC GARDEN

Tuis und bellbirds zwitschern in Neuseelands ältestem botanischen Garten zwischen gigantischen Redwoods und Rhododendren herum. Schöne Ausblicke in die Umgebung. Auf der Wiese vor dem über 100 Jahre alten Gewächshaus blättern Studenten in ihren Büchern. Im Café *Croque-o-dile (tgl. 9.30–16.30 Uhr)* gibt's Croques und Crêpes. *Tgl. Sonnenauf- bis -untergang | 12 Opoho Road | dunedinbota nicgarden.co.nz*

BALDWIN STREET

Hartgesottene Rugbytrainer lassen ihre Spieler die laut Guinness-Buch der Rekorde steilste Straße der Welt hinauflaufen – und auch Touristen geben ihr Bestes, bei einem Gefälle von 35 % nicht aus der Puste zu geraten. Für 350 m braucht man rund zehn Minuten. Zum Glück gibt's oben einen Trinkbrunnen.

ESSEN & TRINKEN

Unbedingt probieren: lokales Craft Beer, fangfrischen *blue cod* und Gourmet-Pies von *Who ate all the pies* vom *Farmers Market (Sa 8–12.30 Uhr | am Bahnhof | otagofarmersmarket.org.nz).* Die besten Cafés und Restaurants gibt's am *Octagon*, in der *George Street* und der *Esplanade* am *St. Clair Beach*.

NO 7 BALMAC

Das Restaurant mit seinem eigenen Gemüse- und Kräutergarten im schicken *Maori Hill* hat sich auf moderne New Zealand Cuisine spezialisiert. Das Saltimbocca mit Wild aus Otago und der Mushroom-Quinoa-Burger sind der Hit! *Mo–Fr 7–24, Sa 8–24, So*

Ein Bahnhof wie vom Zuckerbäcker: Dunedins 100 Jahre alte Railway Station

8–15 Uhr | 7 Balmacewen Road | Tel. 03 4 64 00 64 | no7balmac.co.nz | €€

VOGEL ST KITCHEN

Dort, wo ein großer Graffiti-Fisch an der Hauswand prangt, geht's hinein ins Backsteinloft mit Vintage-Mobiliar und einer Vitrine voller Köstlichkeiten wie *carrot cake, cheese rolls* und Rote-Beete-Salat. *Mo–Fr 7.30–15, Sa/So 8.30–16 Uhr | 76 Vogel Street | Tel. 03 4 77 36 23 | vogelstkitchen.nz | €*

STARFISH CAFÉ

In das Lokal am St. Clair Beach kommt man wegen der leckeren Fischtacos und der vielen Surfer. Jeden Freitag übertönen wechselnde Bands das Rauschen der Brandung mit ihren Gitarren. *So–Mi 6.30–16, Do–Sa 7–23 Uhr | Tel. 03 4 55 59 40 | starfishcafe.co.nz | €–€€*

SHOPPEN

GALLERY DE NOVO

Wer sagt, dass Kunst teuer sein muss? Liz Fraser verkauft Fotografien, Prints, Skulpturen und Gemälde unterschiedlicher Preiskategorien von jungen Künstlern aus Neuseeland. Erschwingliches Mitbringsel sind die coolen New Zealand Travel Poster von Lisa Nicole Moes. *Mo–Fr 9.30–17.30, Sa/So 10–15 Uhr | 101 Stuart Street | gallerydenovo.co.nz*

VOID

Du hast nur praktische Outdoorklamotten eingepackt und würdest jetzt doch gern so cool wie die Surferchicks am Strand aussehen? In dem Streetwearshop helfen dir junge Slacker-Typen gern bei der Auswahl von Boardshorts, Turnschuhen und Sonnenbril-

Surfer schätzen am St. Clair Beach weniger den Sand als die tollen Wellen, die darauf treffen

len. *Mo–Fr 9–17.30, Sa 10–17, So 11–16 Uhr | 8 Albion Lane | void.co.nz*

SPORT & SPASS

SURFEN

St. Clair Beach hat die konstantesten Surfwellen ganz Neuseelands. In der breiten Bucht gibt es eine *Surfschule (90 Min. inkl. Board u. Neoprenanzug 70 NZ$ | The Esplanade | Tel. 0800 48 41 41 | espsurfschool.co.nz)* mit Boardverleih und genügend Platz für Anfänger zum Üben.

DUNEDIN RAILWAYS

In den Zügen von Dunedin Railways reist du ganz entspannt durch menschenleere Landstriche – und fühlst dich dabei wie auf einer Zeitreise in die Vergangenheit Otagos, vor allem in den *Heritage Carriages* aus den 1920er-Jahren. Beim Blick durch die alten Holzfenster wirst du kaum Anzeichen der Moderne sehen. Stattdessen: tiefe Schluchten, wilde Flüsse und schroffe Felsen. Während der Zug über steile Klippen rattert, schaust du aus der Vogelperspektive bis zum Ozean. Zur Auswahl stehen verschiedene Routen. Die Tour von Dunedin nach Moeraki (S. 105) und zurück dauert ca. fünf Stunden *(inkl. 2 Std. Aufenthalt | 68 NZ$)*. Durch einsame Berglandschaften führt die *Inlander Tour (3,5 Std. | 60 NZ$)* nach Hindon und zurück entlang des Taieri River Gorge. Die Tagestour *The Victorian* (79 NZ$) rattert am Meer entlang nach Oamaru (S. 105) und zurück, wo ihr vor Ort etwa das *Steam Punk HQ Museum* besuchen könnt. *Tel. 02 24 36 90 74 | dunedinrailways.co.nz*

STRÄNDE

Für wen Strand ohne Board und Wellen gar nichts geht, der muss zum *St. Clair Beach (s.o.)*. *Allans Beach* beeindruckt mit schroffen Felsen und Seelöwen, die durch die Wellen surfen. Am *Smails Beach* kämpfst du entweder mit der Brandung oder blickst von den Dünen zu den Schafen auf hohen Klippen hinauf. Zum *Tunnel Beach* läufst du einen steilen Hang hinunter – und wirst mit einem Strand inmitten hoher Sandsteinklippen belohnt.

AUSGEHEN & FEIERN

DOG WITH TWO TAILS

Bands testen neue Songs, Künstler stellen ihre Werke aus und wer Lust hat, setzt sich spontan ans Klavier. In der Café-Bar mit kleiner Bühne, alten Ledersofas und Bücherregalen darf sich jeder ausprobieren. *Di–Do 10–21.30, Fr/Sa bis 24 Uhr | Moray Place | dogwithtwotails.co.nz*

INSIDER-TIPP
Experimentierkasten für junge Kreative

RIALTO CINEMA

Ein Geheimtipp für Regentage: In dem Kino mit Art-déco-Foyer sieht es immer noch wie in den 1930er-Jahren aus. *11 Moray Place | Tel. 03 4 74 22 00 | rialto.co.nz*

BRAUEREIEN

Chilli Pilsner und *Poppy Seed Ale*: Die angesagte Mikrobrauerei *New New New Corporation (218 Crawford Street | Tel. 03 3 95 64 45 | newnew-*

new.nz) öffnet ihren *Tap Room* und ihr asiatisches *Yum Cat Diner Mi–Fr 16–21, Sa 12–22* und *So 12–16 Uhr*. Bei *Emerson's (tgl. 10–22 Uhr | 70 Anzac Av. | Tel. 03 4 77 18 12 | emersons.co.nz | €€)* gibt's Indian Pale Ale und Stout made in Dunedin. Dazu schmecken Steaks, Merinolamm und fangfrischer Fisch im Restaurant.

RUND UM DUNEDIN

9 OTAGO PENINSULA

17 km/25 min von Dunedin (Auto)

Fährt man auf der Highcliff Road von Dunedin auf die Halbinsel hinaus, will man dauernd stehen bleiben, um Fotos zu machen. Von einem Bergkamm aus blickt man auf den Otago Harbour, grüne Hügel und Kreuzfahrtschiffe am Horizont. Biegt man rechts in die Seal Point Road ab, gibt's gleich einen weiteren Grund, die Kamera zu zücken: *Yellow Eyed Penguins* am Strand von Sandfly Bay, die sich vor allem am späten Nachmittag zeigen. Für eine Portion Fish & Chips lohnt das historische *1908 Café (Mi–So 12–14 und 17.30–20, Mo 12–14 Uhr | 7 Harington Point Road | Tel. 03 4 78 08 01 | 1908cafe.co.nz | €)* im kleinen Küstenort Portobello, bevor es zur weltweit einzigen *Festlandkolonie von Albatrossen (tgl. ab 11.30 Uhr bis zur Dämmerung, im Winter ab 10.30 Uhr | 52 NZ$ | Tel. 03 4 78 04 99 | albatross.org.nz)* geht. Bei einer geführten Tour *(1 Std.)* kannst du die seltenen Vögel mit einer Flügelspannweite von bis zu 3,5 m mit dem Fernglas beobachten. Näher kommt man den Tieren bei einer Bootstour auf der *MV Monarch (1 Std. | 57 NZ$ | wildlife.co.nz)*, die an der Wellers Rock Wharf ablegt. Wer mit einem ortskundigen Experten die Tierwelt der Halbinsel erkunden will, bucht einen *Cross Country Ride* mit „Peninsula Dundee" Perry Reid von *Natures Wonders Otago (1 Std. | 99 NZ$ | Tel. 03 4 78 11 50 | natureswonders.co.nz)*. Mit kleinen Allradautos bringt der engagierte Naturschützer dich zu Stränden mit Pinguinen und Seehunden. Über die kurvige Portobello Road fährst du abends am Ufer des Otago Harbours zurück nach Dunedin.

Als Barry und Margaret Barker aus Wellington 1967 ☂ *Larnach Castle (tgl. 9–19 Uhr | 37 NZ$ | 145 Camp Road | larnachcastle.co.nz | ⏲ 1,5 h)* auf der Otago Peninsula 15 km östlich von Dunedin kauften, war das Schloss mit Panoramablick über den Otago Harbour eine Ruine. Heute dient die frühere Privatvilla, „Neuseelands einziges Schloss", als Museum. Drinnen sieht es aus wie zu der Zeit, als der australische Bankmanager William Larnach das Gebäude zwischen 1873 und 1886 errichten ließ. In den Schlafzimmern stehen Himmelbetten aus exotischen Hölzern, und Kronleuchter hängen von der Decke. So wie einst wird jeden Tag um 14, 14.30 und 15 Uhr im fein manikürten Garten High Tea serviert (vorher reservieren). In der *Larnach Castle Lodge (12 Zi. | Tel. 03 4 76 16 16 | larnachcastle.co.nz | €€€)* neben dem Schloss nächtigst du in

Uralte Gesellen: 4 Mio. Jahre haben die Moeraki Boulders auf ihren bis 4 m breiten Buckeln

verschiedenen Themenzimmern – viele davon mit Vogelperspektive auf den Otago Harbour – in Himmelbetten und alten Holzkutschen. *E16*

10 MOERAKI BOULDERS

75 km/1 h von Dunedin (Auto)

Sind das Alien-Gehirne? Oder Bowlingkugeln von Riesen? Um die über 50 kugelrunden Felsen am Koekohe Beach nördlich von Dunedin ranken sich viele Legenden. Tatsächlich handelt es sich bei den über 4 Mio. Jahre alten Gesteinsbrocken um ein einzigartiges Naturphänomen. Geologen zufolge wachsen die bis zu 2 m breiten Megamurmeln aus dem mineralienreichen Gestein am Strand heraus, das sich einst auf dem Meeresboden befand. Fotos von den Boulders sind schnell gemacht. Anschließend unbedingt noch im Restaurant *Fleur's Place (Mi–So ab 9.30 Uhr | Tel. 03 4 39 44 80 | fleursplace.com | €€)* am Bilderbuchhafen von *Moeraki* essen gehen. Fischerboote bringen ihren Fang direkt an den Steg des Lokals. Aus Langusten, Dorschen und *gurnets* zaubert Köchin Fleur Sullivan Köstlichkeiten, für die sie landesweit bekannt ist. *E15*

11 OAMARU

115 km/1 h 25 min von Dunedin (Auto)

Schräger als Fiktion: Die ruhige Kleinstadt, eigentlich für Zwergpinguine *(little blue penguins)* und viktorianische Architektur bekannt, ist in den vergangenen Jahren zur Welthauptstadt der Steampunk-Bewegung aufgestiegen. Fans dieser Subkultur tragen viktorianische Kostüme und stellen aus Antiquitäten futuristische Skulpturen oder mit Dampf betriebene Gefährte her. Das alljährliche *Steampunk-Festival* (s. S. 25) im Juni schaffte es wegen seiner vielen Besucher aus aller Welt sogar schon ins Guinness-Buch der Rekorde. Als Kulisse dient der Bewegung das historische Zentrum, der *Harbour & Tyne Historic Precinct (victorianoamaru.co.nz)* mit seinen viktorianischen Gebäuden aus weißem Kalkstein. Dort gibt es mittlerweile das *Steam Punk HQ Museum (tgl. 10–16 Uhr | 10, Kinder 2 NZ$ | 1 Humber Street | steampunkoamaru.co.nz | ⏲ 1 h)* und einen Spielplatz im Nostalgiestil der Subkultur. Eins der besten Craft-Biere Neuseelands wird gleich um die Ecke bei *Scotts Brewing Co. (tgl. ab 11 Uhr | 1 Wansbeck Street | scottsbrewing.co.nz | €)* gebraut. Schöner Biergarten und knusprige Holzofenpizza! Bei Sonnenuntergang spaziert ihr von dort in wenigen Minuten zur *Zwergpinguinkolonie (Evening Viewing im Sommer ab ca. 20.30 Uhr | 15 NZ$ | 17 Waterfront Road | penguins.co.nz).* E15

12 CATLINS ★

115 km/1 h 30 min von Dunedin bis Catlins Lake (Auto)

Where the wild things are: Bei Sonnenuntergang hüpfen Pinguine aus dem Meer, und Seelöwen jagen den Strand entlang. Südlich von Dunedin liegen die *Catlins* (s. S. 148) zwischen Kaka Point und Fortrose. Eine ursprüngliche, vom Wind zerzauste Gegend, in der man mehr Tiere als Menschen trifft. An der *Roaring Bay* etwa zeigen sich besonders häufig Gelbaugenpinguine *(Infos: doc.govt.nz)*, und unterhalb des Leuchtturms von *Nugget Point* lebt eine Seelöwenkolonie. Wanderwege führen durch den Regenwald zu Wasserfällen wie den *Purakaunui* oder *Matai Falls*. Am Strand von *Porpoise Bay* springen beim Surfkurs *(catlins-surf.co.nz)* mit etwas Glück Hector-Delfine mit dir durch die Wellen, und in *Curio Bay* legt die Ebbe einen versteinerten Wald, den *Jurassic Petrified Forest*, frei. In Kaka Point nächtigst du am Strand in typisch neuseeländischen *cribs (kakapointholidayhomes.co.nz)*, wie die Ferienhäuser der Einheimischen auf der Südinsel genannt werden. Vom Eco Retreat *Mohua Park* in Tawanui starten die 3- bis 4-stündigen Touren von *Catlins Scenic & Wildlife (125, Kinder 60 NZ$ | Tel. 03 4 15 86 13 | catlinsmohuapark.co.nz)*, bei denen du mit einheimischen Guides Pinguine und Seelöwen aufspürst. C–D 16–17

STEWART ISLAND

(B17–18) Wer nach Rakiura, auf die „Insel des glühenden Himmels", wie ★ Stewart Island bei den Maori heißt, reisen will, muss es wirklich wollen: Die Fahrt über den tosenden, 32 km breiten Foveaux Strait, das unberechenbare Wetter und die absolute Einsamkeit reizen nicht jeden.

Die Insel ist fast so groß wie Teneriffa, aber nur knapp 400 Menschen leben dort – alle in der einzigen Ortschaft *Oban*. Der Rest besteht aus unberührter Wildnis, die noch so aussieht wie vor Tausenden von Jahren. Im dichten Urwald des Rakiura National Park leben 20 000 Kiwis, weil sie hier kaum Feinde wie Katzen, Ratten und Opossums haben. Das smaragdgrüne Meer glitzert verheißungsvoll in der Sommersonne, ist aber eiskalt. Es gibt nur 20 km Straßen, aber dafür 200 km Wanderwege durch urwüchsige Natur. Immer wieder watscheln Pinguine über die Straße, und auch sonst ist auf der Insel vieles anders als anderswo. Kinder lernen in der Schule, allein im Regenwald zu übernachten, und der einzige Inselpolizist muss seine Mitbürger immer wieder ermahnen, sich nicht einfach fremde Autos auszuleihen – auf der Insel ist es üblich, den Schlüssel im Schloss stecken zu lassen. Mit etwas Glück ist auf Stewart Island sogar die *Aurora Australis (Voraussagen: aurora-service.net)*, das südliche Polarlicht, zu sehen. Selbst im Sommer.

SIGHTSEEING

RAKIURA MUSEUM

Zähne von Pottwalen und Porträts ausgemergelter Auswanderer: Hier bekommt man einen Eindruck davon, wie hart das Leben der ersten Siedler und Walfänger auf Stewart Island gewesen sein muss. *Mo–Fr 10–16, Sa/So 10–15 Uhr | 10 NZ$ | 11 Main Road | Oban | stewartisland.co.nz | 1 h*

ULVA ISLAND

So muss Neuseeland geklungen haben, als James Cook das erste Mal anlegte. Auf der unbewohnten Insel stimmen sonst fast ausgestorbene Vögel regelrechte Konzerte an. „Vogelflüsterin" Ulva, die von den ersten Maori auf Stewart Island abstammt,

Als Rauchen noch ein Vergnügen war – historische Zigarettensammlung im Rakiura Museum

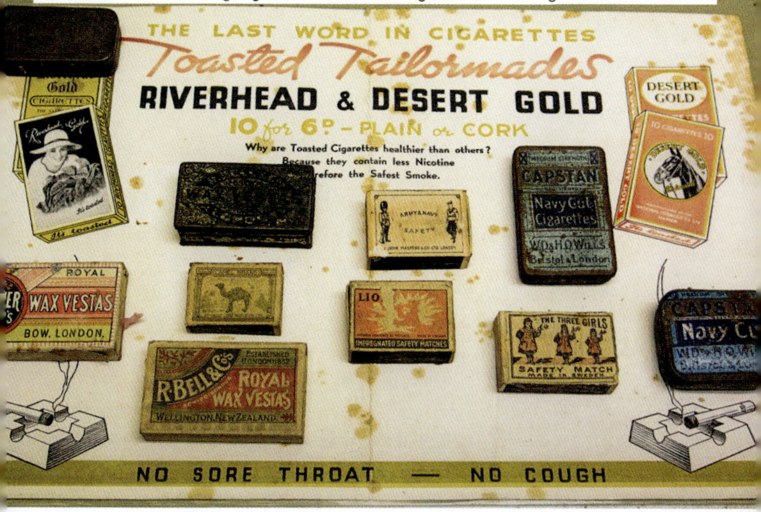

Wo nicht mal mehr wilde Kerle wohnen: Insel vor Stewart Islands urwüchsiger Westküste

hilft bei der Suche nach seltenen Kaka-Papageien und flugunfähigen Wekas. Kiwis kreuzen hier gelegentlich sogar tagsüber auf. Halbtägige Tour inkl. Wassertaxi *(145 NZ$ | Tel. 027 6 88 13 32 | ulva.co.nz)* ab Golden Bay Wharf (15 Min. zu Fuß vom Fähranleger in Oban)

SPORT & SPASS

RAKIURA TRACK

Auf Stewart Island gibt es nur 20 km Straßen. Den Rest der Insel musst du zu Fuß erkunden. Etwa auf dem 36 km langen *Rakiura Track,* der dich in drei Tagen von Lee Bay bis nach Fern Gully führt. Über Holzstege wanderst du durch dichten Regenwald und einsame Strände entlang. Nachts schläfst du in Hütten mit Holzofen *(booking.doc.govt.nz)* und hörst Kiwis im Gebüsch rascheln. Die Tour startet in Lee Bay 7 km nördlich von Oban.

VÖGEL BEOBACHTEN

Birdwatching ist nicht so euer Ding? Dann lasst euch von *Angela Steffens'* Vogelbegeisterung anstecken. Mit ihr pirscht ihr euch bei der 5-stündigen Tour mit dem Wassertaxi u. a. am Maori Beach an *Little Blue Penguins* heran und beobachtet *Sooty Shearwaters* – Dunkle Sturmvögel –, die abends zurück an Land fliegen. *Nov.–März | 260 NZ$ | Tel. 027 3 16 30 77 | beaksandfeathers.co.nz*

WILD KIWI ENCOUNTER

Wenn Kiwis nachts mit ihren langen Schnäbeln nach Flöhen im Sand bohren, hast du besonders gute Chancen, eins der scheuen Tiere zu sehen. *Real Journeys* bringt dich nach Sonnenuntergang mit dem Boot in einen entlegenen Teil der Insel, wo du dich zusammen mit Guides auf Kiwi-Pirsch begibst. Achtung: In den Dünen schlafen Seelöwen, die nicht gestört werden wollen! *199 NZ$ | realnz.com | ⏲ 4 h*

STRÄNDE

BATHING BEACH

Geschützte Bucht mit goldenem Sand, die in etwa 15 Minuten zu Fuß über einen Pfad von Oban aus zu erreichen ist. Der Regenwald reicht bis an den Strand und ist erfüllt vom Sound von Tuis und Bellbirds. Das Wasser ist glasklar, aber eiskalt. Am besten vor dem Baden in der Sonne aufwärmen!

MASON BAY

INSIDER-TIPP
Kiwis und totale Einsamkeit

In der breiten Bucht triffst du garantiert keinen Menschen, aber dafür die meisten Kiwis von ganz Neuseeland. In einer Propellermaschine landest du am breiten Sandstrand und wirst dort abends wieder abgeholt. Und jetzt mal unter uns: Dieses einmalige Erlebnis kostet etwa genauso viel wie die Kiwi-Spotting-Tour. *Ca. 175 NZ$ | ab Oban | Tel. 03 2 18 91 29 | stewartislandflights.com*

AUSGEHEN & FEIERN

SOUTH SEA HOTEL

Fotos abgestürzter Flugzeuge und aufgeschlitzter Wale an den Wänden, Männer mit sonnengegerbten Gesichtern am Tresen: Partytime am Ende der Welt! Im einzigen Inselpub tanzen Touristen und Inselbewohner spontan zwischen den Tischen oder setzen sich ans Klavier. Highlight ist jeden Sonntag das Pub Quiz, an dem 2015 sogar schon Prinz Harry auf seiner Reise durchs Commonwealth teilgenommen hat. Zum Bier schmecken frittierte Grünlippmuscheln. *26 Elgin Terrace | Oban | Tel. 03 2 19 10 59 | stewart-island.co.nz | €€*

ANREISE

Von Bluff reitest du in 1 Std. im Katamaran *Foveaux Express (je nach Saison bis zu 4-mal tgl. | 85 NZ$ one way | Tel. 03 2 12 76 60 | realnz.com)* über Wellenberge und Austernbänke hinweg nach Stewart Island. Die Meerenge ist für ihr stürmisches Wetter berüchtigt. Denk an Tabletten gegen Übelkeit! Von Invercargill aus kannst du nach Stewart Island fliegen *(3-mal tgl. | 225 NZ$ hin und zurück | Tel. 03 2 18 91 29 | stewartislandflights.com).*

RUND UM STEWART ISLAND

13 BLUFF

40 km/1 h von Oban (Fähre)

Kleiner Küstenort mit verwitterten Holzhäusern. Einziger Luxus der Gegend sind die vielen Austern im Meer (März–Aug.). Mit einem Foto am *Stirling Point* kannst du deinen Freunden beweisen, dass du es bis ans Ende der

Welt geschafft hast. Dort gibt es ein Schild, auf dem steht, dass es von hier aus nur noch 4810 km bis zum Südpol sind. C17

14 INVERCARGILL

40 km/1 h von Oban (Fähre), dann 25 km/25 min (Auto)

Kurz bevor du am südlichsten Ende Neuseelands ins Meer stürzst, gibt's da noch eine Stadt, der nur wenige Reisende Beachtung schenken. Tatsächlich wirkt das schachbrettartig angelegte Invercargill mit seinen 55 000 Ew. auf den ersten Blick recht trist, doch wer genauer hinschaut, entdeckt im ganzen Stadtgebiet viktorianische Prachtbauten. Den *Wasserturm* von 1889 etwa oder das *Civic Theatre* von 1906. Stolz sind die Einwohner auf ihr Museum *Transport World (tgl. 10–17 Uhr | 35 NZ$ | 491 Tay Street | transportworld.co.nz | 2 h)* mit einer der größten Oldtimersammlungen weltweit. Die *Fat Bastard Pies (Mo–Fr 6.30–16 Uhr | 158 Tay Street | €)* gelten als die besten des Lands. C17

15 RIVERTON

40 km/1 h von Oban (Fähre), dann 65 km/55 min (Auto)

Kleine Künstler-Öko-Gemeinde mit Fischerhafen und hellen Holzhäusern. Einheimische vermieten Ferienhäuser *(bookabach.co.nz)* am langen Sandstrand. Im *Te Hikoi Museum (Okt.–März tgl. 10–17, April–Sept. 10–16 Uhr | 8 NZ$ | 172 Palmerston Street | tehikoi.co.nz | 1,5 h)* dreht sich alles um das seit jeher enge Verhältnis zwischen Maori und europäischen Siedlern an der Südspitze Neuseelands. Nachbauten von alten Hütten und

Kein Fake: Der Milford Sound kann tatsächlich so aussehen – wenn das Wetter stimmt!

Walfangbooten lassen die Vergangenheit lebendig werden. Am *Gemstone Beach* 30 km weiter nördlich findest du Halbedelsteine wie Quarz und Jade am Strand. *B17*

TE ANAU

(*B15*) **Das beschauliche Te Anau am Lake Te Anau ist der Ausgangspunkt für Touren durch Neuseelands größten Nationalpark Fiordland.**

Hinter dem größten See der Südinsel siehst du schon die Gipfel des Unesco-Weltnaturerbes aufragen und lauscht in Cafés den Abenteuergeschichten von Wanderern. Weite Teile des Nationalparks, der etwa halb so groß wie Sizilien ist, sind noch unerforscht und gehören allein den Fiordland-Pinguinen, Delfinen, Kea-Papageien und Sandmücken. Der Mensch ist nur zu Gast in dieser wild gewachsenen Welt – am *Milford* und *Doubtful Sound* oder auf den drei Great Walks Milford, Routeburn und Kepler.

SIGHTSEEING

GLOWWORM CAVES

Mit dem Schiff erreicht ihr in 30 Minuten von Te Anau aus eine Höhle voller Glühwürmchen. Eine faszinierende Unterwelt, in der das grüne Glitzern der Mückenlarven Licht spendet und Wasserfälle in der Dunkelheit rauschen. In kleinen Booten erkundet ihr mit *Real NZ (Dauer 2,5 Std. inkl. Anfahrt | 99, Kinder 35 NZ$ | Tel. 0800 656501 | realnz.com)* das weit verzweigte Flusssystem innerhalb der Höhlen.

SPORT & SPASS

WANDERUNGEN

Du willst allein durch die Natur stapfen? Mit Guide? Für ein paar Stunden? Oder mehrere Tage? Drei Great Walks stehen von Te Anau aus zur Wahl. Am berühmtesten ist der *Milford Track*, den die ersten Siedler schon 1880 in die Natur schlugen, um vom Lake Te Anau zum Milford Sound zu gelangen. 4 Tage dauert die beliebte Tour mit Übernachtungen in Hütten. Unbedingt schon mehrere Monate vorher beim *Fiordland National Park Visitor Centre (Hütte 110 NZ$/Nacht | Camping verboten! | Tel. 03 2497924 | greatwalks.co.nz)* anmelden! Gleiches gilt für den *Kepler Track (Hütte 102, Zeltplatz 32 NZ$/Nacht)*, einen 60 km langen Rundweg, der in 3–4 Tagen durch von Gletschern geformte Täler und Berge mit Blick auf den Lake Te Anau führt. Der Track beginnt und endet am Kepler Carpark 5 km von Te Anau und eignet sich auch gut für Tagestrips (z. B. entlang des Waiau Rivers bis Rainbow Reach). In Richtung Mount Aspiring National Park führt der *Routeburn Track (Hütten 130, Zeltplatz 40 NZ$/Nacht)* durch ein alpines Wunderland mit Wasserfällen und majestätischen Gipfeln. Für die 33 km von The Divide Shelter an der Milford Road (85 km von Te Anau) bis zum Routeburn Shelter bei Glenorchy brauchst du 2–4 Tage. Geführte Tagestrips entlang der Great Walks organisieren z. B. *Trips & Tramps (Tel. 03 2497081 | tripsandtramps.com).*

RUND UM TE ANAU

16 DOUBTFUL SOUND

2 h von Te Anau mit Boot und Bus

Dreimal länger, weiter verästelt und weniger touristisch als der Milford Sound – und schwieriger zu erreichen. Weil keine Straße zu dem 40 km langen Fjord führt, bist du bei der Anfahrt auf Tourenanbieter angewiesen. Die bringen dich mit dem Boot über den Lake Manapouri und dann im Bus über den Wilmot Pass zum Fähranleger am Doubtful Sound. Auf dem Fjord begegnet dir dafür meist kein anderes Schiff, und der viel gerühmte *Sound of Silence* der Gegend ist besser zu hören als auf dem Milford Sound. Die Landschaft ist so hinreißend schön, dass die Versuchung groß ist, sie durch den Sucher der Kamera zu betrachten. Den Moment, in dem der Delfin aus dem Wasser springt, verpasst du dann aber garantiert. Verzichte zwischendurch auch mal auf Technik, und genieß, was nicht auf Fotos zu bannen ist: den Duft des dichten Grüns, die feuchte Luft und die Anmut der Bergriesen. Tagestrip inkl. Kreuzfahrt im Sound ca. 199 NZ$ oder 2-tägige Tour inkl. Kajaktour, Dinner-Büfett, Übernachtung in der Doppelkabine auf dem Schiff ca. 599 NZ$ – beides mit *Real NZ (Tel. 03 2496000 | realnz.com).* Tipp: Vor der Abfahrt zum Doubtful Sound könnt ihr im historischen *Murrell's Grand View House (4 Zi. | Murrell Avenue | Manapouri | Tel. 03 2496642 | murrells.co.nz | €€€)* 20 Autominuten von Te Anau übernachten – einem B&B in einer historischen Holzvilla mit unbezahlbarem Blick auf den Lake Manapouri. *A15*

17 MILFORD SOUND ★

120km/1 h 30 min von Te Anau (Auto)

Milford Sound bei gutem oder bei schlechtem Wetter ist wie der Unterschied zwischen Farb- und Schwarz-Weiß-Fotografie: Bei Sonne leuchten die mit Moos bewachsenen Felsenwände des 15 km langen Fjords knallgrün, Regenbogen glitzern in den vielen Wasserfällen, und wenn dann noch Delfine aus dem blitzeblauen Wasser springen, wirkt die Natur so kitschig-schön wie ein Spraypaint-Gemälde. Regnet es, besteht die Landschaft plötzlich nur noch aus unterschiedlichen Grautönen. Die Gipfel verschwinden in Wolken, und das Wasser wirkt schwarz – was wiederum seine ganz eigene Dramatik hat. Bei 200 Regentagen und bis zu 8 m Niederschlag pro Jahr stehen die Chancen hoch, dass du einen grauen Tag erwischst. Trotzdem: Die Gelegenheit, im Boot durchs Gebirge zu fahren, solltest du dir nicht entgehen lassen. Wie eine Kathedrale ragt der 1692 m hohe *Mitre Peak* direkt am Fjord in den Himmel und lässt die Passagiere auf den Ausflugsbooten „amazing" und „breathtaking" hauchen. Auch die Anfahrt auf der *Milford Road* durch eine Bergwelt voller Wasserfälle, Seen,

Schwer zu erreichen: Noch sind die Seevögel am Doubtful Sound zahlreicher als die Touristen

Flüsse ist ein Spektakel für sich. Mach dich darauf gefasst, dass du den Milford Sound mit vielen anderen teilen musst. Zur Wahl stehen z. B.: 2-stündige Tour bis zur Tasman Sea *(89 NZ$ | Tel. 03 2 49 81 10 | mitrepeak.com)*, ein Overnight-Cruise inkl. Anfahrt, Kajaktour, Dinner-Büfett und Übernachtung in einer Doppelkabine auf der *Fiordland Navigator (399 NZ$ | Tel. 03 2 49 60 00 | realnz.com)*, eine Kajaktour bei Sonnenaufgang zum höchsten Wasserfall, den *Lady Bowens Falls (2 Std. | 115 NZ$ | Tel. 0800 47 67 26 | roscosmilfordkayaks.com)*.

Echte Stille erlebst du bei Paddeltouren inkl. kurzer Wanderung entlang des Milford Tracks *(1 Std. Kajaktour und 3,5 Std. Wanderung | 135 NZ$ | Tel. 0800 47 67 26 | roscosmilfordkayaks.com)*. Die einzige Übernachtungsmöglichkeit der Gegend ist die *Milford Sound Lodge (milfordlodge.com)* mit unterschiedlich teuren Zimmern und hübschen Chalets. Tanken vor der Abfahrt in Te Anau nicht vergessen! *B14*

QUEENSTOWN

(C15) **Am besten gehst du zuerst zur Uferpromenade, wo du konzentriert findest, was ★ Queenstown ausmacht: Adrenalin-Junkies, Straßenmusiker, flirtende Backpacker und eine spektakuläre Naturkulisse.** Der Lake Wakatipu leuchtet hellblau, und die zackigen Felsen der Remarkables verleihen der Szenerie eine einzigartige Dramatik. Sofort hat man

das Gefühl, ganz viel erleben zu müssen. Bungyjump, Fallschirmspringen oder lieber zuerst Speedboat fahren? In der „Abenteuerhauptstadt der Welt" ist es schwer zu entscheiden, welchen Adrenalinkick man sich zuerst geben soll. Dem wuseligen Treiben entfliehst du auf der T. S.S. Earnslaw, einem Dampfschiff von 1912, das mehrmals täglich gemächlich von der Uferpromenade ablegt. Draußen auf dem See lass die Landschaft dann ganz in Ruhe auf dich wirken, denn die ist eigentlich schon berauschend genug.

SIGHTSEEING

BOB'S PEAK

Den Panoramablick über den Lake Wakatipu in 450 m Höhe erkämpfst du dir auf dem 60 Minuten langen Tiki Trail – oder du nimmst einfach die *Seilbahn (Start Brecon Street)* den Berg hinauf. Oben angekommen, führen Wanderwege und 12 verschiedene Mountainbike-Trails in die Natur hinein. Es reicht aber auch, sich ins *Skyline Café* zu setzen und die Aussicht auf Coronet Peak und Remarkables zu genießen. Wieder runter kommst du im Asphaltbob *The Luge (tgl. ab 10 Uhr | 5 Fahrten inkl. Gondelfahrt 67 NZ$, Kinder ab fünf Jahren 49 NZ$ | Tel. 03 4 41 01 01 | skyline.co.nz)* über eine kurvige Rennstrecke oder bei einem *Tandem-Gleitschirm-Flug (219 NZ$ | Tel. 0800 75 96 88 | nzgforce.com).* Wer nach Einbruch der Dunkelheit rauffährt, lernt eine Menge über den Sternenhimmel der südlichen Hemisphäre beim *Stargazing (99 NZ$ inkl. Gondelfahrt | ab Skyline-Gondola-Station Brecon Street | skyline.co.nz).*

GIBBSTON VALLEY WINE

Du findest Weinproben elitär und langweilig? Dann wird dich dieses Weingut überraschen. Keine Weinsnobs weit und breit – stattdessen Partyatmosphäre zwischen grünen Hügeln. Im Restaurant steigen Junggesellenabschiede, und zum alljährlichen Sommerkonzert im Januar mit internationalen Stars kommen mehrere Tausend Besucher. Unbedingt den Käse aus der eigenen Käserei probieren! *Tgl. 10–17 Uhr | 1820 State Highway 6 | Tel. 03 4 42 69 10 | gibbstonvalley.com*

ESSEN & TRINKEN

THE BESPOKE KITCHEN

In dem hellen Lokal voll junger Leute aus aller Welt schmeckt das Essen so gut, wie es aussieht (Müsli mit Blütendeko!). Und dann ist es noch megagesund, denn die Zutaten für Halloumi-Burger und Smoothie Bowls stammen von Biofarmen aus der Gegend. Auf der Terrasse fühlt man sich weit weg vom Rummel an der Uferpromenade. *Tgl. 8–17 Uhr | 9 Isle Street | Tel. 03 4 09 05 52 | bespokekitchen.co.nz | €*

THE COW PIZZA

Vielen Restaurants mangelt es in Queenstown an Atmosphäre, weil sie in modernen Gebäuden liegen. Nicht aber hier! In dem alten Kuhstall sitzt du bei Kerzenschein an rustikalen

Holztischen und fühlst dich fast wie auf einer Schweizer Skihütte. Der Mix aus Pasta, Pizza, Bier und lauter Musik funktioniert seit 40 Jahren. *Tgl. 12–23 Uhr | Cow Lane | Tel. 03 4 42 85 88 | thecowpizza.co.nz | €*

RATA

Viel Holz und großflächige Bilder von moosbewachsenem Regenwald: Im Restaurant von Sternekoch Josh Emett fühlen sich die Gäste wie mitten in der Natur. Auf die Teller kommen erlesene neuseeländische Speisen wie Whitebait Ceviche von der Westküste, Tintenfisch aus Bluff oder Muscheln aus der Cloudy Bay. Tipp: Probier das besonders zarte Te-Mana-Lamm aus dem neuseeländischen Hochgebirge. *Tgl. 12–22 Uhr | 43 Ballarat Street | Tel. 03 4 42 93 93 | ratadining.co.nz | €€€*

SHOPPEN

VESTA

Die Einkaufsstraßen von Queenstown langweilen mit Lammfellgeschäften und Filialen internationaler Ketten. Zum Glück gibt es Ausnahmen wie diesen originellen Designshop im ältesten Cottage von Queenstown, der Kunstdrucke, Schmuck und Lampen von neuseeländischen Künstlern verkauft. *Mo–Sa 10–17 Uhr | 19 Marine Parade | vestadesign.co.nz*

THE WALK IN WARDROBE

Touristen aus der ganzen Welt geben in der „preloved fashion boutique" getragene Kleidung ab. Die Auswahl an internationalen Marken ist deshalb groß. *Tgl. 10–18 Uhr | Beech Tree Arcade | 34 Shotover Street | thewalkinwardrobe.co.nz*

THE WINERY

Probier Boutiqueweine von kleinen Weingütern aus Neuseeland, und lass dir deine Entdeckungen gleich von hier aus nach Hause schicken. *Mo–Do 15–21, Fr/Sa 12–22, So 12–20 Uhr | 9 Ballarat Street | thewinery.co.nz*

SPORT & SPASS

In Queenstown gibt es unzählige Möglichkeiten, sich ganz legal zu berauschen – z. B. beim horizontalen Bungy Jumping. Das höchste menschliche Katapult der Welt, das *Nevis Catapult (275 NZ$ | Gibbston | Tel. 0800 2864958 | bungy.co.nz)*, schleudert dich in 150 m Höhe mit bis zu 100 km pro Stunde durch eine Schlucht. Gleich nebenan springst du aus 134 m Höhe ganz klassisch mit einem *Bungyseil (275 NZ$ | selber Anbieter)* an den Füßen aus einer Kabine über der Schlucht in Richtung Nevis River. 8,5 Sekunden lang im freien Fall! Hydro Attack nennt sich ein *Speedboat (145 NZ$ | Beach Street | Tel. 27 4779074 | hydroattack.co.nz)* in Form eines Hais, in dem du mit 80 Sachen über den See rast, unter Wasser tauchst und zum Schluss wie ein Fisch aus dem Wasser springst. Im *Shotover Jet (129, Kinder 67 NZ$ | Tel. 03 4428570 | shotoverjet.com)* rast du in steilen Canyons auf Felswände zu, um gerade noch im letzten Moment die Kurve zu kriegen. Den ultimativen Adrenalinkick bieten die *awesome foursome (Infos auf combos.co.nz)*: Nevis Bungy, Fahrt mit dem Shotover Jet, Helikopterflug zum Skippers Canyon und Rafting auf dem Shotover River für insgesamt ca. 720 NZ$ – alles an einem Tag.

Dir wird ganz schwindelig, wenn du das hörst? Dann geh es ruhiger an: Ein tolles Naturerlebnis ist *Packrafting (8–10 Std. | ab 350 NZ$ | packraftingnz.com)*: Mit einem zusammenfaltbaren Kanu im Rucksack wanderst du durch das menschenleere *Reese Valley* 45 km nördlich von Queenstown und paddelst auf einsamen Flüssen zurück in eine Gegend, die aus gutem Grund den Namen „Paradise" trägt. Oder nutz die vielen *Mountainbike-Trails* rund um Queenstown. Über die besten Routen informiert das Faltblatt *Mountain Bike Riding*, erhältlich beim Department of Conservation. Mountainbikes und E-Bikes kannst du bei *Bikes & Beyond (Terrace Junction/Frankton Road | Tel. 22 1252100 | bikesandbeyond.co.nz)* leihen. Auf dem *Welcome Rock Trail* 70 km südlich von Queenstown radelst du abseits der Massen auf privatem Terrain durch die Berge und kannst unterwegs in einer alten *Goldgräberhütte (ab 138 NZ$/Nacht | Tel. 27 2392628 | welcomerock.co.nz)* übernachten. Wenn ab Juni/Juli Schnee fällt, öffnen Queenstowns Skigebiete *Coronet Peak* und *The Remarkables* für ca. drei Monate.

INSIDER-TIPP
Ins Paradies paddeln

T. S. S. EARNSLAW

Der Vintage-Dampfer von 1912 gehört zu Queenstown wie der Eiffelturm zu Paris. Sechsmal täglich legt die „Lady of the Lake" mit rauchendem Schornstein zu einer 1,5-stündigen Tour über den Lake Wakatipu ab.

Nur eine von zig Arten, sich in Queenstown Nervenkitzel zu verschaffen: Bungy Jumping

Wer will, steigt an der *Walter Peak Station* aus und schaut sich dort eine Schaf-Scherer-Show an – oder verabschiedet sich auf dem Pferd (40-Min.-Ausritt mit Guide) in die Natur. Anbieter ist *Real Journeys (ab 70, Kinder 35 NZ$ | Steamer Wharf/88 Beach Street | Tel. 0800 65 65 01 | realnz.com).*

WELLNESS

ONSEN HOT POOLS ☂

Besonders gut lässt sich der Ausblick auf die Berge genießen, wenn es um einen herum schön warm blubbert. Die mit Gebirgswasser gefüllten Holzbottiche liegen auf den Klippen oberhalb des Shotover Rivers und sind durch Holzwände voneinander getrennt. Für je bis zu vier Personen pro Pool buchbar. *Tgl. 9–23 Uhr | Pool für zwei Pers. 150 NZ$ | 160 Arthurs Point Road | Tel. 03 4 42 57 07 | onsen.co.nz*

AUSGEHEN & FEIERN

ATLAS BEER CAFE

Die Bar ist klein, aber die Auswahl an Craft Beer groß. Probier seltene Sorten wie *Yeastie Boyz* oder *Parrot Dog*, und stoß mit den vielen Einheimischen am Tresen an. Mit Seeblick! *Mo–Fr 16–1, Sa/So 12–1 Uhr | 88 Beach Street | atlasbeercafe.com*

THE LODGE BAR

Seeblick, ausgesuchte Weine und eine Einrichtung wie in einer luxuriösen Jagdhütte. Zu Pinot Noir und Sauvignon Blanc werden in der Bar des neuseeländischen Outdoor-La-

Arrowtown gleicht noch immer sehr dem Goldgräberort, der er früher mal war

bels Rodd & Gunn *meat pies* und Austern gereicht. Manchmal ist Schickimicki ja doch ganz schön! *Mo–Do ab 16, Fr–So ab 12 Uhr | 2 Rees Street | rodd andgunn.com*

RUND UM QUEENS-TOWN

18 ARROWTOWN

20 km/20 min von Queenstown (Auto)

Man braucht sich bloß die Souvenirgeschäfte wegzudenken, dann wirkt Arrowtown nördlich von Queenstown wieder wie der Goldgräberort, der er einst war. Alte Holzhäuser und Geschäfte mit Saloon-Fassaden säumen die Buckingham Street, und am Arrow River stehen noch immer die Hütten einstiger chinesischer Goldsucher im Wald. Der von Bäumen überwucherte Fluss, der in „Der Herr der Ringe" von den Schwarzen Reitern durchquert wird, hat viele schöne Badestellen. Bis heute kannst du hier Goldstaub aus dem Wasser sieben. Goldpfannen zum Ausleihen gibt's im Ort. *C15*

19 LAKE WANAKA

70 km/1 h von Queenstown (Auto)

Beim Reisen denkt man oft: Wir müssen dies, wir müssen das. Am Lake Wanaka aber wird man innerlich ganz still, denn hier berauscht einen allein die Natur. Die ist genauso gemäldehaft wie in Queenstown, aber dafür sausen keine Jetboote über den Gletschersee, und es segeln nicht ständig Paraglider von den Bergen (nur gelegentlich). An schattigen Kieselsteinstränden kannst du den Tag verdösen und dich im klaren Wasser erfrischen. Besonders schön sind *Bremner Bay, Dublin Bay* und *Glendhu Bay* (mit Stand-up-Paddleboard-Verleih). Oder du gehst auf der Insel *Mou Waho* in einem See auf dem See baden. Der glitzert hellgrün und hat den Namen Paradise Lake verdient. Touren bietet *Eco Wanaka Adventure (4 Std. | 255 NZ$ | Tel. 0800 92 63 26 | ecowanaka.co.nz)*. Eine beliebte Wanderstrecke führt in ca. 45 Minuten auf den Mount Iron 250 m über Wanaka hinauf. Anstrengender ist der Aufstieg zum Mount Roy in 1500 m Höhe. Rauf und runter kommst du in ca. 7–8 Stunden, aber dafür wirst du auch mit einem sagenhaften Blick auf den Mount Aspiring belohnt.

Ein Museum, das der ganzen Familie Spaß macht, ist das *National Transport and Toy Museum (tgl. 8.30–17 Uhr | 20, Kinder 5 NZ$ | 891 Wanaka-Luggate Highway | nttmuseumwanaka.co.nz | 1 h)*. Hier können Erwachsene alte Flugzeuge und Oldtimer (z. B. Chevrolets aus den 1930er-Jahren) bestaunen, während sich die Kinder an der größten Barbie-Sammlung Neuseelands und an über 1000 Star-Wars-Figuren erfreuen. Am Ende lockt ein Spielzeugladen.

Satt und glücklich machen die *Food Trucks* im Zentrum des Ortes Wanaka *(51 Brownston Street)* am Südufer des Sees. Etwa *Burrito Craft (tgl. 12–21 Uhr | burritocraft.co.nz | €)* oder *Francesca's Italian Kitchen (tgl. 16–21 Uhr | fransitalian.co.nz | €)*. Ein paar Schritte weiter liegt das *Cinema Paradiso (72 Brownston Street | paradiso.net.nz)* mit einem Kinosaal voller Sofas. Zu den besten Weingütern in der Umgebung fährt dich der Touranbieter *Roam Wanaka (Gruppe mit bis zu 6 Personen 350 NZ$ | roamwanaka.com)*.

Unverschämt viel Schönheit haben die *Blue Pools* 1,5 Autostunden nördlich von Wanaka abbekommen. Die Badebecken mit knallblauem Wasser in einer felsigen Schlucht im Regenwald erreichst du von der Straße aus in 30 Minuten zu Fuß. Die Skigebiete *Treble Cone* und *Cardrona* sind je nach Schneelage von Juni/

HERR-DER-RINGE-HYPE

Neuseeland ist das Kultreiseland für Hobbit-Fans. Die Herr-der-Ringe- und Hobbit-Trilogien wurden hier gedreht. Jeder Stein an den Drehorten wird touristisch vermarktet, und es gibt landesweite LOTR-Touren (Lord of the Rings). Da klapperst du eine landschaftlich dramatische Location nach der anderen ab. Billiger geht's auf eigene Faust. Die Naturschutzbehörde DOC hat eine Liste der Drehorte in Schutzgebieten zusammengestellt: *doc.govt.nz*. Rund um Queenstown liegen die meisten. Einfach mit dem Auto hoch auf den Mount Cardrona für einen beeindruckenden Ausblick über Mittelerde. Geradeaus liegt zwischen den Hügeln das Schattenbachtal. In Arrowtown wanderst du auf den Spuren von Bilbo, Gandalf und den Zwergen den Arrow River entlang zur Furt des Bruinen. *Dart River Safaris* bietet Touren zu Wasser und zu Pferd von Glenorchy aus; *Heli Glenorchy (heliglenorchy.co.nz)* fliegt die Locations von oben an. Deinen Zauberring bekommst du in Nelson bei *Jens Hansen* (s. S.131). Der *Weta Workshop* (s. S. 83) in Wellington ermöglicht einen Blick hinter die Kulissen der Filmrequisiteure und Animationskünstler. Und wenn du filmreife Fotos vor authentischen Kulissen machen möchtest, dann auf ins Auenland nach Hobbiton (s. S. 68) bei Matamata.

Juli bis Anfang September geöffnet. *C14*

20 GLENORCHY

45 km/45 min von Queenstown (Auto)

Die Gegend rund um Glenorchy könnte man wegen ihrer vielen Herr-der-Ringe-Filmlocations auch gleich Mittelerde nennen. Die *Road to paradise* führt von Queenstown aus in die kleine Ortschaft am nördlichen Ende des Lake Wakatipu. Am Rand des Mount Aspiring National Park, wo die Drehorte von Lothlorien, Isengard und Amon Hen liegen, ist die Natur paradiesisch schön – und fast menschenleer. Auf *Funyaks* (aufblasbare Kanus) könnt ihr mehrere Stunden lang versteckte Seitenarme des Dart Rivers erkunden *(319, Kinder 5–15 J. 229 NZ$ inkl. Lunch und Jeeptour zu Locations aus „Herr der Ringe" und „X-Men" | dartriver.co.nz). B–C15*

21 MOUNT ASPIRING NATIONAL PARK

70 km/1 h 10 min von Queenstown bis Parkplatz Routeburn Shelter (Auto)

Der Mount Aspiring ist das Matterhorn von Neuseeland. Er ragt rund 3000 m in den Himmel und ist der Namensgeber von Neuseelands zweitgrößtem Nationalpark. Der Park reicht vom Haast Pass bis zum Lake Wakatipu und beeindruckt mit weiten Tälern, Gletschern, Wasserfällen und kristallklaren Flüssen. Berühmte Wanderwege sind *Routeburn Track (Unterkunft im Sommer vorab aufdoc.govt.nz buchen | Start Parkplatz am Routeburn Shelter)* und *Caples Track (Backcountry Hut Pass vorab in einem Doc-Office kaufen | Start Parkplatz am Ende der Greenstone Road, 86 km nördl. von Queenstown).* Tipp: Auf den Tracks ab Makaroa (130 km nördlich von

Im Mount Aspiring National Park werden Wandererträume wirklich wahr

Queenstown) ist weniger los. Etwa auf dem *Gillespies Pass* oder *Wilkin Valley* mit Aufstieg zur *Top Forks Hut*. Auf dem halbtägigen *Rob Roy Glacier Track (Start am Raspberry Creek Parkplatz, 54 km westl. von Wanaka, 120 km nördl. von Queenstown an der Wanaka–Mt Aspiring Road)* wanderst du durch das Tal des Matukituki Rivers an Wasserfällen vorbei zum Gletscher unterhalb des Mount Rob Roy. Am Aussichtspunkt warten Keas (Bergpapageien) auf deinen Lunch. Wer in kurzer Zeit möglichst viel sehen will (und nicht so lang wandern möchte), bucht die *Siberia Experience (455 NZ$ | Tel. 03 4 43 43 85 | siberiaexperience.co.nz)*, eine 4-stündige Flug-Wander-Jetboat-Tour, die in Makaroa beginnt. B–C14

AORAKI/ MOUNT COOK

(D13) **Leider steckt die Kuppe von Aoraki (Mount Cook), dem „Berg, der durch die Wolken stößt", auch meistens in einer fest.**

Mit ein bisschen Glück glitzert Neuseelands weißer Riese (3724 m) aber für dich in der Sonne – und du fühlst dich bei Wanderungen rund um den höchsten Berg des Lands wie im Himmel. Vom *Mount Cook Village* auf 750 m starten diverse Wanderwege – natürlich auch Flugzeuge und Helikopter, die dich bis zum Tasman Glacier unterhalb der Berggipfels fliegen.

SIGHTSEEING

EDMUND HILLARY ALPINE CENTRE ☂

Vom Dach Neuseelands aufs Dach der Welt: Das 3-D-Kino mit kleinem Museum beim Hermitage Hotel in Mount Cook Village widmet sich den Abenteuern des berühmten neuseeländischen Bergsteigers Sir Edmund Hillary. Eine 75 Minuten lange Doku handelt von dessen Mount-Everest-Besteigung und der Film „Mount Cook Magic" von dem Berg, an dem Hillary das Bergsteigen gelernt hat. *Tgl. 9–16 Uhr | 20 NZ$ | Terrace Road*

SPORT & SPASS

Am Mount Cook beginnt der beliebte *Alps 2 Ocean Cycle Trail (alps2ocean.com)*, der in 6–8 Tagen bis Oamaru an der Ostküste führt.

HOOKER VALLEY TRACK

Wildblumen vor schneebedeckten Bergen sind nicht das einzige schöne Fotomotiv entlang der Strecke. Die 3-Stunden-Strecke durchs Hooker Valley Richtung Mount Cook führt dich über mehrere Hängebrücken, vorbei am Mueller-Gletscher und endet am Hooker Lake, in dem Eisberge treiben. Los geht's am White Horse Hill Campground am Ende der Hooker Valley Road 2 km von Mount Cook Village.

TASMAN GLACIER LAKE CRUISE ★

Immer wieder brechen Eisbrocken vom Tasman-Gletscher ab und treiben wie gigantische Eiswürfel im Glacier

Lake umher. Bei Bootstouren näherst du dich den Eisriesen und dem Schlund des Gletschers und kannst 300–500 Jahre alte Eiskristalle probieren. Wer Geld sparen will: Der See präsentiert sich vom Ufer aus fast genauso eindrucksvoll. *2,5 Std. inkl. Transfers vom 10 km entfernten Mount Cook Village und 30-min. Wanderung | 149 NZ$ | Tel. 03 4 35 18 55 | glentanner.co.nz*

RUND UM AORAKI/ MOUNT COOK

22 LAKE OHAU

90 km/1 h 15 min von Mount Cook Village (Auto)

Das Schönste an Lake Ohau ist die Stille. Keine Jetski-Fahrer, Gleitschirmsegler oder Fallschirmspringer weit und breit. Den Kiesstrand teilt man sich einzig mit ein paar Sandfliegen, und die Berge um einen herum wirken umso mächtiger, wenn man allein im hellblauen See auf sie zu schwimmt. Direkt am Ufer gibt es einige Stellplätze für Wohnmobile mit Wowblick auf den See. *D14*

INSIDER-TIPP
Erleb dein blaues Wunder

23 LAKE TEKAPO ★

105 km/1 h 10 min von Mount Cook Village (Auto)

Touristischer als Lake Ohau, aber ebenfalls sehr fotogen: Der Lake Tekapo leuchtet so hellblau, dass man bei seinem Anblick die Augen zusammenkneifen muss. Geht die Sonne unter, funkelt das Universum besonders hell, denn der See gehört zu den Orten auf der Welt, an denen man die meisten Sterne sehen kann. Auf dem *Mount John* oberhalb des Sees befindet sich ein *Observatorium (Uhrzeiten und Preise saisonabhängig, z. B. Summit Experience, 2 Std., ca. 169 NZ$ | ausgeschildert am SH 8 | earthandsky.co.nz)* mit dem größten Teleskop Neuseelands. Nebenan beginnt der schöne *Summit Circuit Track (30–45 Min.)* mit Rundumblick auf Seen und Berge der Gegend. *D13–14*

FRANZ JOSEF

(D13) **Nur drei Gletscher auf der ganzen Welt reichen bis in den Regenwald hinein. Der Perito-Moreno-Gletscher liegt in Argentinien, und die anderen beiden ergießen sich an Neuseelands Westküste mit gigantischen Eismassen in die Landschaft hinein: der ★ Franz-Josef-Gletscher und der etwas kleinere Fox Glacier 25 km weiter südlich.**

6 km vom Franz-Josef-Gletscher (vom Geologen Julius von Haast nach dem österreichischen Kaiser Franz Josef benannt) entfernt liegt das gleichnamige *Dorf* zwischen Berggipfeln mitten im Regenwald. Dort gibt's viele Unterkünfte, und du kannst bei einem der Anbieter Gletschertouren buchen.

Eine Gletscherwanderung führt in die faszinierende Welt des Fox Glacier

SIGHTSEEING

WEST COAST WILDLIFE CENTRE

Einen Kiwi in freier Natur zu sehen, ist eine Art Sechser im Lotto. V. a. *Rowi-Kiwis* sind extrem selten. Nur noch 400 Tiere dieser Art leben in freier Wildbahn. Diese Aufzuchtstation kümmert sich um ihren Fortbestand. Mit einem *Backstage Pass* für 60, Kinder 24 NZ$ kannst du sogar erleben, wie Kiwiküken aus Eiern schlüpfen. *Tgl. 9–15 Uhr | 32, Kinder 14 NZ$ (vorab online buchen!) | Cowan/Ecke Cron Street | wildkiwi.co.nz*

ESSEN & TRINKEN

SNAKE BITE BREWERY

Asiatisches Streetfood, Schokoladenkuchen und Craft Beer – hier kommt zusammen, was nicht unbedingt zusammengehört, aber doch irgendwie gut passt. Hauptsache kulinarische Abwechslung mitten im Regenwald! *Mo–Sa 7.30–20, So bis 15 Uhr | 28 Main Road | Tel. 03 7 52 02 34 | snakebite.co.nz | €*

SPORT & SPASS

GLETSCHERTOUREN

Lass dich mit dem Helikopter auf dem Gletscher absetzen, z. B. Heliwandern mit *Franz Josef Glacier Guides (485 NZ$ | franzjosefglacier.com)*, flieg in einer Propellermaschine über ihn hinweg, z. B. bei Rundflügen mit *Air Safaris (425 NZ$ | airsafaris.co.nz)*, oder wandre hin. 45 Minuten dauert die Tour durch ein steiniges Flussbett bis zum Aussichtspunkt am Fuß des Gletschers. Der Weg startet fünf Autominuten von Franz Josef entfernt an einem Parkplatz.

View of the views – wenn sich Mount Tasman und Mount Cook im Lake Matheson spiegeln

WELLNESS

WAIHO HOTTUBS

Entspannung in beheizten Holzfässern mitten im Regenwald. Private Hottubs können für jeweils eine Stunde für bis zu vier Personen gebucht werden. Sie werden nach jedem Besuch mit frischem Wasser aus einem Gebirgsbach aufgefüllt. *Tgl. 14–21 Uhr | 2 Pers. 89, Kinder 10 NZ$ | 64 B Cron Street | Tel. 03 7 52 00 09 | waihohottubs.co.nz*

RUND UM FRANZ JOSEF

24 FOX GLACIER ★

25 km/30 min von Franz Josef (Auto)

Auf den etwas kleineren Gletscher, den Fox Glacier, kannst du mit dem Hubschrauber fliegen, z. B. mit *Fox Glacier Guiding (499 NZ$ | foxguides.co.nz)*. Oder du läufst auf dem *Fox Glacier Walk* über steiniges Geröll direkt auf seinen eisigen Schlund zu. Die Tour *(1 Std.)* startet 2 km südlich vom *Fox Glacier Township* an einem Parkplatz. Unterwegs musst du über mehrere kleine Bäche springen und wirst am Ende mit einer Aussichtsplattform oberhalb des Gletschers belohnt. *D13*

25 LAKE MATHESON

30 km/30 min von Franz Josef (Auto)

Ein äußerst beliebtes Fotomotiv findest du südlich von Franz Josef. Dort spiegeln sich bei gutem Wetter der Mount Cook und der Mount Tasman im „Mirror Lake" Lake Matheson. Genieß diesen Anblick bei einer 90-minütigen Wanderung um den See. *D13*

HOKITIKA

(◫ E12) **Während des Goldrauschs war Hokitika einer der dichtbesiedelsten Orte Neuseelands. Historische Gebäude und Geschäfte mit Wildwest-Fassaden erinnern noch immer an diese Zeit.**

Heute dreht sich in dem 4000-Einwohner-Ort zwischen Meer und Alpen alles ums „grüne Gold" – Jade aus den Flüssen in der Umgebung, die in den vielen Schmuckateliers von Hokitika weiterverarbeitet wird.

ESSEN & TRINKEN

THE HOKITIKA SANDWICH COMPANY

Frisch aus dem Ofen: Sandwiches aus knusprigem Sauerteigbrot mit Zutaten aus der Region. Zur Auswahl stehen Pastrami vom Biorind, Southland Cheese und Butter von der Westcoast. Dazu gibt es leckere Obst-Smoothies. *Di–Sa 10–14 Uhr | 83 Revell Street | Tel. 03 4 29 20 19 | Facebook: The Hokitika Sandwich Company | €*

SHOPPEN

BONZ 'N' STONZ

Entwirf deinen eigenen Kettenanhänger aus Jade oder Knochen und stell ihn unter fachkundiger Anleitung her. Die Kurse dauern drei bis sechs Stunden und kosten zwischen 100 und 190 NZ$. *Tgl. 9–17 Uhr | 16 Hamilton Street | Tel. 03 7 55 65 04 | www.bonz-n-stonz.co.nz*

26 GILLESPIES BEACH

45 km/1 h von Franz Josef (Auto)

Salzige Gischt im Gesicht und schneebedeckte Gipfel im Rücken: Südwestlich von Franz Josef baust du Skulpturen aus Treibholz, stapelst Kieselsteine übereinander oder blickst einfach nur auf die schäumende Tasmansee. Sandfliegen-Spray nicht vergessen! *◫ D13*

27 LAKE PARINGA

95 km/1 h 15 min von Franz Josef (Auto)

Schöner als ein Gemälde: Wenn sich bei Sonne die Landschaft im Lake Paringa spiegelt, kannst du garantiert nicht aufhören, Fotos zu machen. Der See ist so klar, dass du beim Kanufahren Fische durch die Wasseroberfläche beobachten kannst. Direkt am Ufer gibt es einen *DOC-Campingplatz (doc.govt.nz)*. *◫ C13*

TECTONIC JADE

Anhänger und Kunstwerke aus besonders seltenen Jadesteinen, nach traditionellen Methoden gefertigt. Jedes Amulett hat eine andere Bedeutung und ist laut Inhaber Rex Scott nicht aus Stein, sondern aus „Tränen der Erde". *Tgl. 8.30–17 Uhr | 67 Revell Street | Tel. 03 7 55 66 44 | tectonicjade.com*

FESTE

WILDFOODS FESTIVAL

INSIDER-TIPP
Käfer snacken

Bei dem Festival im März verdreifacht sich die Einwohnerzahl, wenn Besucher aus dem ganzen Land nach Hokitika strömen, um Buschspezialitäten wie Würmer und frittierte Käfer zu probieren. *wildfoods.co.nz*

Typisch: Jadeanhänger in Spiralenform

AUSGEHEN & FEIERN

REGENT THEATRE ☂

Falls es mal regnen sollte (was an der Westküste häufig vorkommt), dann besuch dieses schöne alte Kino mit roten Plüschsitzen in einem Art-déco-Gebäude von 1935. *Tgl. | 23 Weld Street | Tel. 03 7 55 81 01 | hokitikaregent.com*

WOODSTOCK HOTEL

In dem Pub-Hotel von 1870 haben sich schon die ersten Goldgräber betrunken. Heute treten dort regelmäßig Livebands auf. Bei der Jam Session am Sonntag darf jeder mit auf die Bühne – egal ob Einheimischer oder Tourist. Der Blick vom Biergarten auf Berge und Fluss ist spektakulär. Unbedingt Fish & Chips probieren! *Tgl. ab 16 Uhr | 250 Woodstock Rimu Road | Tel. 03 7 55 89 09 | woodstockhotel.co.nz | €*

RUND UM HOKITIKA

28 LAKE MAHINAPUA

11 km/10 min von Hokitika (Auto)

Endlich mal ein See an der rauen Westküste, in dem man nicht vor Kälte zittern muss. Spring vom langen Holzsteg in das Wasser mit Badetemperatur und schwimm auf die schneebedeckten Alpen in der Ferne zu! Allein schon wegen der feuerroten Sonnenuntergänge lohnt es sich, eine Nacht auf dem *DOC-Camping-*

platz (doc.govt.nz) direkt am Ufer zu bleiben. *E12*

29 ROSS

25 km/20 min von Hokitika (Auto)

Der größte Nugget, der jemals in Neuseeland gefunden wurde (2,8 kg!), stammt aus Ross südwestlich von Hokitika. Ansporn genug, sich die Goldgräberutensilien beim *Ross Goldfields Information & Heritage Centre (4 Aylmer Street | Tel. 03 7554077 | rossgoldtown.org)* zu leihen und selbst sein Glück am Jones Creek zu versuchen. *E12*

INSIDER-TIPP
Selbst Gold schürfen

30 HOKITIKA GORGE

30 km/30 min von Hokitika (Auto)

Hat da etwa jemand mit Photoshop nachgeholfen? Nein, das Wasser in dem Gletscherfluss ist wirklich so türkis wie auf den Fotos! Überzeug dich selbst: Bis zur Hängebrücke über die Schlucht sind es vom Parkplatz aus 15 Minuten zu Fuß. Leider viele Sandfliegen. *E12*

GREYMOUTH

(E12) **In Greymouth, der größten Ortschaft der Westküste (10 000 Ew.), gab es mal 47 Hotels – heute sind es nur noch sechs. Seit die Holz- und Kohleindustrie abgezogen ist, bröckeln die Häuserfassaden und die Einwohnerzahl sinkt.**

Der eher zweckmäßig wirkende Ort an der Mündung des Grey Rivers ist deshalb weniger Reiseziel als Ausgangspunkt für Trips entlang der Wild West Coast mit ihren windgepeitschten Stränden und Orten voll exzentrischer Aussteigertypen. 500 km erstreckt sich die Küste von Westport im Norden bis zum Haast Pass im Süden entlang der stürmischen Tasmansee: ein einzigartiger Mix aus Regenwäldern, Gletschern, Meer und schneebedeckten Gipfeln, der schon fast wie eine Sinnestäuschung wirkt.

Greymouths Bier Monteiths ist heute noch besser als zur Goldgräber-Ära

ESSEN & TRINKEN

MONTEITHS BREWERY

Wie schmeckt die West Coast? Nach Burgern und Bier von Monteiths! Beides kannst du in der Brauerei mit Restaurant probieren – und bei geführten Touren *(tgl. 16 Uhr, 35 NZ$)* alles über die Geschichte der 150 Jahre alten Biermarke erfahren. *Mo–Di 15–21, Mi–So 11–21 Uhr | 60 Herbert Street | Tel. 03 7 68 41 49 | thebrewery.co.nz | €*

SPORT & SPASS

WEST COAST WILDERNESS TRAIL

Der Radwanderweg führt von Greymouth aus 139 km durch Regenwälder, an einsamen Seen und menschenleeren Stränden voller Treibholz vorbei. Unterkünfte entlang der Strecke in *Kumara* und *Hokitika* am besten im Voraus reservieren. Der Trail Shuttle Service von *West Coast Wilderness (trailtransport.co.nz)* transportiert Gepäck, verleiht Räder und holt unterwegs ab, wer nicht die ganze Strecke fahren will.

RUND UM GREYMOUTH

31 SHANTYTOWN

10 km/10 min von Greymouth (Auto)

Nostalgietrip ins Jahr 1860: In dem nachgebauten Goldgräberort können Kinder Gold schürfen, mit einer Dampflokomotive durch den Regenwald fahren oder sich in historischen Kostümen fotografieren lassen. *Tgl. 9–16 Uhr | 36, Kinder ab fünf Jahren 18,50 NZ$ | 316 Rutherglen Road | shantytown.co.nz | 3 h |* *E12*

32 PUNAKAIKI

45 km/40 min von Greymouth (Auto)

Hat lange gedauert, all diese Pfannkuchen aufeinander zu stapeln: Auf etwa 30 Mio. Jahre wird das Alter der *Pancake Rocks* an der Tasmansee in Punakaiki geschätzt. Eine grandiose Fotokulisse – v. a., wenn die Gischt durch die Blaslöcher in den Felsen spritzt. Zwischen Strand, Regenwald und hohen Klippen versteckt sich das hübsche *Punakaiki Beach Camp (5 Owen Street | Tel. 03 7 31 18 94 | punakaikibeachcamp.co.nz | €–€€)* mit Plätzen für Wohnmobile und Zelte, Hütten und günstigen Ferienhäusern. Weiter in die Wildnis dringst du bei *Kanutouren (riverkayaking.co.nz)* auf dem Pororari River ein. *E11*

33 NÖRDLICHE WESTKÜSTE & WESTPORT

100 km/1 h 30 min von Greymouth bis Westport (Auto)

Die verschlafene Ortschaft Westport (4000 Ew.) ist das Tor zum einsamen nördlichen Teil der West Coast. 12 km weiter liegt *Tauranga Bay*, ein beliebter Treff für Surfer und Robben. Sehr weit weg von allem wirst du dich im Dorf *Karamea* mit subtropischem Mikroklima zwischen Bergen und Meer 90 km weiter nördlich am Rand des Kahurangi National Park fühlen. Unter Nikaupalmen im dichten Regenwald nächtigst du dort besonders schön in den Cottages oder komfortablen Doppelzimmern des *Last Resort (26 Zi. | 71 Waverley Street | Tel. 03 7 82 66 17 | lastresortkaramea.co.nz | €)* mit gutem Restaurant. In der Nähe befinden sich Karsthöhlen und der Start des *Heaphy*

Rosen und Lebenskünstler gedeihen prächtig im milden Klima von Nelson

Track, einer der Great Walks Neuseelands, im Kahurangi National Park. Vom warmen Klima profitiert auch *Mokihinui*, 50 km nördlich von Westport. Dort kannst du direkt an der Mündung des Mokihinui Rivers zelten, der sich hervorragend zum Schwimmen und Kanufahren eignet. Empfehlenswert ist das *Cowshed Café (298 De Malmanches Road | €)*, in dem der Holzkohlegrill für die Pizza mit Treibholz vom Strand befeuert wird. 🕮 E–F 10–11

34 REEFTON

80 km/1 h von Greymouth (Auto)

INSIDER-TIPP **Mit Goldgräbertypen abhängen**

150 Jahre nach dem Goldrausch sieht man im 1000-Einwohner-Ort Reefton immer noch urige Typen mit schmutzigen Stiefeln in alten Goldgräberhütten Tee in Blechdosen über offenem Feuer kochen. Zumindest in der *Bearded Mining Company (Eintritt gegen Spende | 37 Walsh Street | Tel. 03 732 83 77 | reefton.co.nz | 1 h)*, wo du auch das Goldschürfen lernen kannst. 🕮 F11

NELSON

(🕮 G10) **Kleine Stadt mit großen Ideen. In Nelson (50 000 Ew.) kannst du zwischen Abel Tasman National Park und Marlborough Sounds mal kulturell auftanken.**

An die 400 Künstler leben in dem Ort mit den meisten Sonnenstunden des Lands und stellen ihre Werke in Museen und Galerien aus, z. B. *The Suter Art Gallery (tgl. 9.30–16.30 Uhr | Eintritt frei | 208 Bridge Street | thesuter.org.nz | 30 min)*. Das *Wow-Muse-*

um zeigt abgefahrene „Kunst am Körper". Was noch? Es gibt viele hübsche alte Holzvillen und regelmäßig Märkte.

SIGHTSEEING

WORLD OF WEARABLE ART (WOW)

Rückwärtsgewandt und zukunftsweisend zugleich: Das Museum stellt Oldtimer und „tragbare Kunst" aus, die so aussieht, als hätte die isländische Sängerin und Performance-Art-Künstlerin Björk das Wow damit beauftragt, Bühnenoutfits für sie zu entwerfen. Jedes Jahr kommen neue Stücke des Designwettbewerbs „World of Wearable Art" (WOW) dazu, bei dem sich jeweils im September Mode- und Kostümdesigner aus der ganzen Welt kreativ austoben. *Tgl. 10–17 Uhr | 24 NZ$ | 95 Quarantine Road | worldofwearableart.com | 1,5 h*

PARKER GALLERY

Kiwi-Kunst: Bilder, Schmuck, Skulpturen und Fotografien von Künstlern aus Nelson und Umgebung. *Mo–Fr 9.30–16.30, Sa 10–16 Uhr | 90 Achilles Avenue | parkergallery.nz | 30 min*

ESSEN & TRINKEN

THE KITCHEN

Superfood-Smoothies, Halloumi-Salat und Biocappuccino: In dem hellen, puristisch eingerichteten Lokal dreht sich alles um *positive eating*. Alle Zutaten stammen aus der Region und sind 100 % bio. Zum Frühstück gibt's vegane Bananenwaffeln mit Himbeer-Chia-Marmelade und zum Lunch

Nur zu Fuß oder per Boot erreichst du die Traumbuchten im Abel Tasman National Park

Quinoa-Salate oder Paleo-Burger mit Manuka-Bacon und Biorind. *Mo–Sa 8–14.30 Uhr | 111 Bridge Street | Tel. 021 1 95 82 46 | ktchn.co.nz | €€€*

SHOPPEN

JENS HANSEN

Da ist er ja, der Ring, nach dem alle suchen! Jens Hansen, Schmuckdesigner dänischer Abstammung, hat den berühmten Zauberring aus „Der Herr der Ringe" entworfen. Nach seinem Tod führt sein Sohn das Geschäft weiter und verkauft dort auch Modelle, die von den Schauspielern aus dem Film inspiriert wurden: „The Ring for Viggo" oder „The Ring for Cate". *Mo–Fr 9–17, Sa 9–14 Uhr | 320 Trafalgar Square | jenshansen.com*

INSIDER-TIPP
Der echte Herr der Ringe!

MÄRKTE

Mittwochs gibt's auf dem *Farmer's Market (8–13 Uhr | Maitai Blvd.)* frische Feigen und Äpfel aus der Umgebung. Livebands spielen. Samstags trifft man sich beim *Nelson Market (8–13 Uhr)* zwischen Handgemachtem und Nektarinen aus der Region am *Montgomery Square* und sonntags zum *Flohmarkt (8–13 Uhr)* an gleicher Stelle.

STRÄNDE

Die besten Badestellen findest du vor den Toren der Stadt am *Tahunanui Beach* oder auf *Rabbit Island* mit *Glamping-Platz (vom SH 60 nach Upper Moutere abbiegen | applebyhouse.co.nz).*

AUSGEHEN & FEIERN

THE WORKSHOP

Café, Bar und Mikrobrauerei in einer alten Werkstatt. Der Tresen steht in einem Schiffscontainer mit Auto auf dem Dach. Alternative-Rock-Bands, Swing-Tanzabende und Craftbeer vom Fass. Dazu schmecken Burger, Steaks und Fischgerichte. *Mi–So 15–23 Uhr | 32c New Street | Tel. 021 55 61 58 | the workshopbrewery.co.nz | €*

RUND UM NELSON

35 ABEL TASMAN NATIONAL PARK ★

60 km/1 h von Nelson bis Marahau oder 125 km/2 h 30 min bis Totaranui (Auto)

Türkis schimmerndes Wasser mit Badetemperatur (!) und goldene Strände, eingebettet in dichte Vegetation – kein Wunder, dass Neuseelands kleinster Nationalpark nordwestlich von Nelson besonders viele Besucher anzieht. Schöner Ausgangspunkt ist der *Campingplatz von Totaranui (Ende Dez.–Anfang Feb. mind. 3 Tage | online reservieren auf doc.govt.nz | €)* am Nordende des Nationalparks. Nach Sonnenuntergang spenden dort nur der Mond und Taschenlampen Licht, und die Gespräche mit den Campingnachbarn drehen sich um die Größe der Fische, die man den Tag über von den Klippen aus geangelt hat. Kann es noch idyllischer werden?

Auf dem *Abel Tasman Coastal Track,* der 60 km von Totaranui bis Marahau führt, wanderst du in 4–5 Tagen von einem Traumstrand zum nächsten. Oder du lässt dich bequem mit dem *Wassertaxi (ca. 50 NZ$ | Tel. 03 5 27 80 83 | aquataxi.co.nz)* an einem Strand deiner Wahl absetzen und abends abholen. Von *Torrent Bay* auf halber Strecke führt ein Pfad zu Felsenbecken mit smaragdgrünem Wasser im Regenwald. Auf einer 10 m langen Felsenrutsche lässt du dich in *Cleopatra's Pool* hineingleiten.

INSIDER-TIPP
Rutschvergnügen im Regenwald

Wer keine Lust auf Wandern hat: *Marahau Sea Kayaks (Kajak für 2 Pers. ca. 210 NZ$/Tag | 10 Franklin Street | Tel. 0800 52 92 57 | msk.co.nz)* verleiht Kajaks für Trips entlang der Küste und organisiert ein- oder mehrtägige Touren mit Guide. Als schönster Strand der Gegend gilt der lang gestreckte, sichelförmige *Kaiteriteri Beach* mit seinem weißen Sand. *G10*

36 GOLDEN BAY

125 km/2 h von Nelson bis Collingwood (Auto)

Am Ende wird's noch mal richtig schön: Der *Farewell Spit* ganz oben im Nordwesten ist sozusagen das Happy End der Südinsel. 35 km misst die schmale Landzunge, die die Golden Bay von links umarmt. Vier Kilometer sind öffentlich zugänglich, der Rest des Naturreservats voller Zugvögel, Seelöwen und vom Winde verwehter Dünen darf nur im Rahmen geführter Touren, z. B. mit *Farewell Spit Eco Tours (6,5 Std./165 NZ$ | von Collingwood aus | farewellspit.com),* betreten werden. Auch schön: ein Ausritt durch salzige Gischt am Puponga Beach am Fuß des Farewell Spits – Touren für Anfänger mit *Cape Farewell Horse Treks (1,5 Std./100 NZ$ | von Collingwood aus | horsetreksnz.co.nz).* Die besten Badestrände von Golden Bay sind *Pohara, Tata Beach* und *Totaranui* am Anfang des Abel-Tasman-Nationalparks. Nicht zum Schwimmen geeignet, aber von dramatischer Schönheit ist der weite, weiße *Wharariki Beach* an der Westküste bei Puponga *(20 Min. zu Fuß vom Parkplatz aus)* mit wellenumtosten Felsenbögen mitten im Meer. Auf dem *Wainui Falls Track* bei Mohua wanderst du in 40 Minuten zu einem Wasserfall im Regenwald. Und in *The Mussel Inn (musselinn.co.nz)* zwischen den Hippienestern Collingwood und Takaka erlebst du mitten im Nirgendwo vielleicht die Partynacht

Vom Pferderücken aus wirkt die Traumkulisse am Wharariki Beach geradezu überirdisch

INSIDER-TIPP
Hüttengaudi Kiwi Style

deines Lebens. Musiker aus ganz Neuseeland treten in der rustikalen Hütte mit Diskokugel an der Decke in der kleinen Küstengemeinde Onekaka auf. Ein rebellisches Café, das schon seit den 90ern sein eigenes Bier braut, Open-Mike-Abende veranstaltet und frische Meeresfrüchte serviert (die *Green Lipped Mussels* probieren!). *F–G 9–10*

37 KAHURANGI NATIONAL PARK

155 km/2 h 30 min von Nelson bis Brown Hut/Ausgangspunkt Heaphy Track (Auto)

Der *Heaphy Track*, einer der Great Walks, führt 78 km durch subtropischen Regenwald, Flusstäler und an einsamen Stränden entlang. Der Kahurangi *(doc.govt.nz)*, zweitgrößter Nationalpark Neuseelands, im Osten von Nelson, heißt in der Sprache der Maori „wertvoller Schatz", weil er zur Westküste mit seinen vielen Flüssen voller *Pounamu* (Greenstone) führt. Der Gesang von Tuis und Glockenvögeln erfüllt die Luft, und gelegentlich rascheln sogar große Fleckenkiwis durchs Gebüsch. Wer sich traut: Im *Mount Owen* befindet sich ein weit verzweigtes Höhlensystem. *F10*

38 NELSON LAKES NATIONAL PARK

80 km/1 h 10 min von Nelson bis St. Arnaud (Auto)

Hier haben Gletscher mal wieder eine einzigartige Landschaft mit steilen Bergen und großen Seen südlich von Nelson geschaffen. Ein guter Ausgangspunkt für Wanderungen ist das Dorf *St. Arnaud* am Lake Rotoiti. Wer gern angelt: In den Seen des Parks wimmelt es nur so vor Forellen! Das nahe gelegene *Rainbow Ski Field* ist von Juni bis Oktober geöffnet. *F–G11*

ERLEBNIS TOUREN

Lust, die Besonderheiten der Region zu entdecken? Dann sind die Erlebnistouren genau das Richtige für dich! Ganz einfach wird es mit der MARCO POLO Touren-App: Die Tour über den QR-Code aufs Smartphone laden – und auch offline die perfekte Orientierung haben.

1 NEUSEELAND PERFEKT IM ÜBERBLICK

- Mit Delfinen in türkisblauem Meer abtauchen
- Am Strand nach heißen Quellen buddeln
- Wie Frodo durch „Herr der Ringe"-Landschaften wandern

Auckland

Christchurch

3600 km

23 Tage, reine Fahrtzeit 54 Stunden

Kosten: ca. 7500 Euro für zwei Personen (alles inkl.)
Viele Straßen Neuseelands sind schmal und kurvenreich, man braucht oft länger als gedacht.
Wetterabhängig ist der Flug von 26 **Queenstown** zum **Milford Sound** *(ab 349 NZ$ | 1 Std. | milfordflights.co.nz)*.

Geblähte Segel gehören in Auckland, der City of Sails, zum Selbstverständnis

AUF DIE STADT HERUNTERBLICKEN

Los geht's in ❶ **Auckland** ➤ S. 51. Entlang der **Waterfront** spaziert ihr zu den Restaurants und Cafés am **Viaduct Harbour** und blickt abends vom **Sky Tower** aufs Lichtermeer der Stadt. Nach dem Frühstück im **Café Dizengoff** *(tgl. 6.30–16 Uhr | 256 Ponsonby Road | Tel. 09 3600108 | €)* im Hipsterviertel Ponsonby schlendert ihr durch die Secondhandshops der Gegend. Nachmittags ist noch Zeit, sich zeitgenössische Kunst in Neuseelands größter Kunstgalerie, der **Auckland Art Gallery** *(tgl. 10–17 Uhr | 20 NZ$ | Wellesley Street E | aucklandartgallery.com)* mit ihrem beeindruckenden Atrium aus Kauri-Holz anzuschauen.

TAG 1–2
❶ Auckland

IN DER SCHÖNEN BUCHT DES NORDENS

Ab ans Meer! *Nördlich hinter Auckland* dünnt der Verkehr aus und die Traumstrände der *Tutukaka Coast* rücken ins Blickfeld. Legt einen Badestopp am goldenen Strand von ❷ **Matapouri Bay** ein und fahrt weiter in die **Bay of Islands.** Am frühen Abend checkt ihr dort im kleinen Küstenort ❸ **Russell** ➤ S. 46 für zwei Nächte im **Duke of Marlborough** *(theduke.co.nz)* ein – einer weißen Holzvilla mit Meerblick. Am nächsten Tag entdeckt ihr bei einer halbtägigen **Bootstour** *(135 NZ$ |*

TAG 3–4
201 km
❷ Matapouri Bay
87 km
❸ Russell

TAG 5-6
74 km
❹ Waitangi Treaty Grounds
120 km
❺ Waipoua Kauri Forest
35 km
❻ Oponomi Hotel

Tel. 0800 65 33 39 | dolphincruises.co.nz) die Buchten der Bay auf Islands und geht mit Delfinen schwimmen.

UNTERWEGS ZU DEN URSPRÜNGEN

Erste Station des Tags sind die ❹ **Waitangi Treaty Grounds** ➤ **S. 46**. Anschließend fahrt ihr zum ❺ **Waipoua Kauri Forest** ➤ **S. 49** *an der Westküste weiter.* Dort ragt **Tane Mahuta**, ein über 50 m hoher und über 2000 Jahre alter Kauri-Baum, aus dem Wald heraus. Sehr hübsch ist das ❻ **Oponomi Hotel** *(opononihotel.com)* in Omapere am Hokianga Harbour mit Blick auf die Riesendünen von Rangi Point. Morgens geht's *zu-*

rück in Richtung Süden an den **Hauraki Gulf,** wo ihr den Rest des Tags am traumhaften ❼ **Pakiri Beach** verbringt. Abends steuert ihr das ❽ **Sawmill Café** *(142 Pakiri Road | Tel. 09 4 22 60 19 | sawmillcafe.co.nz | €)* im Surferort Leigh an. Nachdem ihr in Ruhe gegessen habt (z. B. Lammschulter oder Tintenfisch), stürmen später am Abend heimische Bands die Bühne. Anschließend fallt ihr einfach vor Ort ins Bett, denn das Lokal vermietet auch Zimmer.

210 km
❼ Pakiri Beach
12 km
❽ Sawmill Café

HALBE INSEL MIT VOLLEM STRANDPROGRAMM

Weiter geht's zur ❾ **Coromandel-Halbinsel** ➤ S. 57. Haltet zuerst im alten Goldgräberort **Coromandel Town** bei der **Oyster Company** *(tgl. 9–16.30 Uhr | 1611 Manaia Road | freshoysters.co.nz | €)*, einer Bretterbude am Meer mit frischen Austern. Eine echte Beach Beauty ist der Strand von **Hahei** mit seinem türkisblauen Meer, wo ihr in der **Tatahi Lodge** *(tatahilodge.co.nz)* mit subtropischem Garten unterkommt. Morgens macht ihr vom Strand aus eine **Kajaktour** *(3 Std. | 125 NZ$ | kayaktours.co.nz)* zu den Felshöhlen von **Cathedral Cove** und buddelt später am **Hot Water Beach** nach heißen Quellen (Schaufel nicht vergessen!). Wer keine überfüllten Strände mag, fährt gleich weiter zur wilden Bucht von **Opoutere Beach** und picknickt herrlich versteckt in den Dünen hinter einem Pinienwald. Die Nacht verbringt ihr im Surfer-Hotspot **Whangamata,** wo Möwen euch in den vielen Cafés entlang der Port Road die Pommes vom Teller klauen. Im Hotel **Surf N Stay** *(surfnstaynewzealand.com)* nahe dem weitläufigen Strand voller Gischt könnt ihr zum Zimmer gleich Board und Surfkurs dazubuchen.

INSIDER-TIPP
Versteckter Traumstrand

TAG 7–8
208 km
❾ Coromandel-Halbinsel

IM ZENTRUM DER MAORI-KULTUR

Frühmorgens fahrt ihr nach ❿ **Mount Maunganui** ➤ S. 67 und besteigt den Berg mit Panoramablick über den Ozean (ca. 45 Min.). Zur Erfrischung springt ihr dann am Strand ins Meer und luncht an der Uferpromenade. Am späten Nachmittag ist die dampfende Thermalregion von ⓫ **Rotorua** ➤ S. 62 erreicht. Im

TAG 9–10
273 km
❿ Mount Maunganui
75 km
⓫ Rotorua

28 km

⓬ Kerosene Creek

468 km

⓭ Wellington

TAG 11–12

119 km

⓮ The Portage Hotel

Maori-Dorf **Te Puia** schaut ihr euch nach Sonnenuntergang bei der **Geyser by night experience** dampfende Quellen an *(Mi–So 21–23 Uhr | 60 NZ$ | Hemo Road | Tel. 07 348 90 47 | tepuia.com)* und wandert durch typisch neuseeländischen Busch. Lasst am nächsten Tag die überteuerten Thermalbäder links liegen und fahrt zum ⓬ **Kerosene Creek** *rund 30 km südlich* – einem Fluss mit warmem Wasser mitten im Wald! Jetzt steht die längste Autofahrt der Tour an. Langweilig wird es garantiert nicht, denn die *Strecke nach Wellington* führt durch wahre Fantasyfilm-Landschaften. Etwa *entlang der Desert Road vorbei am Tongariro National Park* mit schneebedeckten Vulkanspitzen und *auf dem SH1 an der schönen Kapiti Coast vorbei*. Am Abend erreicht ihr ⓭ **Wellington** ➤ S. 80.

INSIDER-TIPP
Fluss mit Badewannentemperatur

ÜBERSETZEN IN DEN RAUEN SÜDEN

Baristas sind die neuen DJs – zumindest in Neuseelands Kaffeehauptstadt. Startet den Tag deshalb mit einem Flat White oder Cold Brew in einem von über 300 Cafés wie z. B. dem **The Hangar** *(Mo–Fr 7–15, Sa/So 8–15 Uhr | 119 Dixon Street | hangarcafe.co.nz)*. Im **Cablecar** geht es zu den **Botanic Gardens** *oberhalb der Stadt* mit Rundblick auf Wellington und zu Fuß wieder ins Zentrum. Von der **Cuba Street,** Neuseelands angeblich coolster Straße, mit ihren vielen Kunstgalerien, Shops und Graffitiwänden sind es nur ein paar Schritte bis zum interaktiven **Te Papa Tongarewa** am Meer, in dem alles ausgestellt wird, was Neuseeland ausmacht, inklusive Maori-Kanus, simulierten Erdbebens und Moa-Knochen. *Nehmt am späten Nachmittag die Fähre auf die Südinsel* und genießt den Anblick der **Marlborough Sounds,** wenn der Sonnenuntergang die Küstenlandschaft in ein tiefes Orange taucht. Vom Fähranleger in **Picton** ➤ S. 90 geht es gleich per Boot weiter ins ⓮ **The Portage Hotel** *(portage.co.nz)*, das einmalig schön im dichten Grün am Kenepuru Sound gelegen ist. Dort erwacht ihr mit Blick auf hellblau glitzerndes Meer und verbringt den Tag mit Kajakfahren.

Pause in Picton – am liebsten mit Blick übers Wasser und auf die Fähren zur Nordinsel

GOLDGRÄBERFEELING AN DER WESTKÜSTE

Morgens *bringt Euch das Boot zurück nach Picton*. Dort besteigt ihr wieder den Mietwagen, schaut euch dann ⑮ **Nelson** ➤ S. 129 an, bevor ihr *auf die einsame Westküste zusteuert*. Auf dem Weg kommt ihr an der ⑯ **Buller-Schlucht** vorbei, wo ihr über Neuseelands längste Hängebrücke laufen könnt. Am frühen Nachmittag erreicht ihr **Punakaiki** ➤ S. 128. Hauptattraktion sind dort die ⑰ **Pancake Rocks,** an denen die wilde Tasmansee hinaufspritzt. Im Regenwald hinterm Strand verstecken sich in Te Miko die schönen Holz-Cottages des ⑱ **Te Nikau Retreats** *(tenikauretreat.co.nz)*. Auf einer der spektakulärsten Küstenstraßen der Welt geht's am nächsten Tag *weiter in Richtung Süden*. Wer Kinder dabeihat, holt sich auf dem Weg in Shantytown ➤ S. 137 bei Greymouth ein bisschen Goldgräberfeeling ab. Die anderen fahren durch bis ⑲ **Hokitika** ➤ S. 125. Dort dreht sich alles um *Greenstone*, weil die Flüsse rund um den Ort besonders reich an Jade sind. Bei **Bonz 'n' Stonz** könnt ihr sogar einen eigenen Anhänger schleifen. Am frühen Abend rückt schließ-

TAG 13–16
144 km
⑮ Nelson
140 km
⑯ Buller-Schlucht
127 km
⑰ Pancake Rocks
4 km
⑱ Te Nikau Retreats
92 km
⑲ Hokitika

134 km
⑳ Franz-Josef-Gletscher
94 km
㉑ Lake Paringa
121 km
㉒ Blue Pools
9 km
㉓ Mountain View Lodge

lich der ⑳ **Franz-Josef-Gletscher ➤ S. 122** mit seinen gewaltigen Eismassen näher. Nachts schlaft ihr umgeben von Regenwald im **Scenic Hotel Franz Josef Glacier** *(scenichotelgroup.co.nz)* mit Blick auf schneebedeckte Hügel. Früh am nächsten Morgen startet euer **Heli-Hike** *(485 NZ$ | helicopter.co.nz)* auf den Gletscher, wo ihr zwei Stunden lang mit einem Bergführer durch die Eislandschaft kraxelt. Bevor es am kommenden Tag *über den Haast Pass ins Landesinnere geht*, unbedingt noch einen Fotostopp am glasklaren ㉑ **Lake Paringa** einlegen. Dort spiegeln sich Berge und Wälder im Wasser! Am frühen Abend erreicht ihr die ㉒ **Blue Pools** mit leuchtend blauem Gletscherwasser in einer Felsschlucht. Springt ins eiskalte Wasser und schlaft anschließend tief und fest im nahe gelegenen ㉓ **Mountain View Makarora** *(makarora.com)* in Makarora mitten im **Mount Aspiring National Park ➤ S. 120.**

TAG 17–18
63 km
㉔ Wanaka

ZWISCHEN WEINFREAKS & ADRENALINJUNKIES

Die Berge trennen Welten. War an der stürmischen Westküste noch Fleecejacken-Wetter, so ist es vormittags in ㉔ **Wanaka ➤ S. 119** in Central Otago wahr-

Bei der Aussicht muss ein Wein ja gut werden. Und schmecken. Rippon-Gut am Lake Wanaka

scheinlich warm und sonnig. Entspannt euch zwei Tage in den vielen Buchten des **Lake Wanaka** mit Blick auf den **Mount Aspiring.** Geht wandern, lasst euch auf dem **Rippon-Weingut** vom Pinot Noir und der Landschaft beduseln und stärkt eure Waden bei einer Radtour am See entlang. Morgens geht es *über eine kurvige Passstraße nach Süden weiter* ins trubelige Queenstown. Satt werdet ihr unterwegs im Restaurant des alten ㉕ **Cardrona Hotels** *(tgl. 9–22 Uhr | 2312 Cardrona Valley Road | Tel. 03 4 43 81 53 | cardronahotel.co.nz | €€)* mit Goldgräberflair. In ㉖ **Queenstown** ➤ S. 113 werdet ihr euch wundern, wie touristisch Neuseeland sein kann. Holt euch euren Adrenalinkick bei Riverrafting, Bungy Jumping oder Paragliding – oder lasst das Bergpanorama in Ruhe bei Wanderungen und Radtouren auf euch wirken. Versinkt Queenstown im gedämpften Nachtlicht, ist es Zeit für einen Kneipenbummel. Gute Livebands spielen z. B. im **Sherwood Hotel** *(554 Frankton Road | sherwoodqueenstown.nz | €€)* mit Cocktailbar, wo ihr auch gesund und ausgewogen essen könnt. Einen halben Tag solltet ihr danach für ㉗ **Glenorchy** ➤ S. 120 einplanen. Dort verschwimmen die Grenzen zwischen Kino und Realität,

TAG 19–20

31 km

㉕ Cardrona Hotels

40 km

㉖ Queenstown

50 km

㉗ Glenorchy

weil rund um den Ort so viele „Herr-der-Ringe"-Szenen gedreht wurden.

TAG 21-22

246 km

㉘ Lake Ohau

179 km

㉙ Geraldine

BLAUE WUNDER & DER WILDE WESTEN

Wenn ihr morgens *vom SH8 zum Lake Ohau* abbiegt, werdet ihr fast das einzige Auto auf der Straße sein, denn die meisten Touristen fahren weiter zum Lake Pukaki oder Lake Tekapo. Der ㉘ **Lake Ohau** leuchtet aber genauso blau – und ihr habt ihn fast ganz für euch allein. In der einzigen Unterkunft der Gegend, der **Lake Ohau Lodge** *(ohau.co.nz)* oberhalb des Sees, trefft ihr höchstens ein paar Radfahrer, die auf dem *Alps 2 Ocean Trail* unterwegs sind. Ihr badet gern in Gebirgsflüssen? Dann werdet ihr ㉙ **Geraldine** im Herzen von South Canterbury lieben. Rund um das Örtchen am Fuß der Alpen gibt es viele gute Badestellen inmitten einer Wild-West-Landschaft, etwa in **Te Moana** (mit Wasserfall!). 20 Autominuten außerhalb des 3500-Einwohner-Orts übernachtet ihr im **Waikonini Homestead** *(waikoninihomestead.co.nz)*, einem B & B in einer historischen Holzvilla am Rand des Peel Forest.

TAG 23

197 km

㉚ Christchurch

FINALE IN DER JETZT-ERST-RECHT-STADT

Erlebt in ㉚ **Christchurch** ➤ S. 93, wie sich die Stadt nach dem Erdbeben von 2011 mit kreativen Ideen neu erfindet. Im damals fast völlig zerstörten Stadtzentrum haben sich in den vergangenen Jahren die besten **Street-Art-Künstler** *(Street-Art-Walking-Touren mit Watch This Space | 30 NZ$ | Tel. 021 1 13 85 02 | watchthisspace.org.nz)* der Welt mit Wandgemälden verewigt. **Smash Palace** *(172 High Street | thesmashpalace.co.nz)* ist eine Bar aus alten Bussen und Containern, **Cardboard Cathedral** *(234 Hereford Street)* eine Kirche aus Pappe. Für Pizza und Craftbeer lohnt sich am frühen Abend die **Cassels Brewery** *(3 Garlands Road | Tel. 03 3 89 53 59 | casselsbrewery.co.nz | €)* in **The Tannery,** einer restaurierten viktorianischen Gerberei voller Boutiquen und Cafés im Stadtteil Woolston. Abends bezieht ihr euer Zimmer in der **Eco Villa** *(ecovilla.co.nz)* mit Außenbadewannen im Garten. Dort liegt ihr nachts im warmen Wasser und blickt ein letztes Mal zum Kreuz des Südens hinauf.

2 GREAT BARRIER ISLAND – ENTDECKUNGSTOUR AUF DER ÖKO-INSEL

- Barfuß durch den Regenwald wandern
- Ganz ohne Lichtsmog den Sternenhimmel funkeln sehen
- In warmen Thermalquellen im Busch baden

Auckland

Auckland

300 km

3 Tage, reine Fahrtzeit 10½ Stunden

Kosten: Ca. 1200 NZ$/Person (inkl. Fähre, Mietwagen, Benzin, Unterkunft und Verpflegung, Aktivitäten)
Achtung: Die Infrastruktur ist sparsam, deshalb alles für die Tour vorab organisieren und buchen *(greatbarrier.co.nz)*.
Zwischen Weihnachten und Mitte Januar verdoppelt sich die Einwohnerzahl, also bloß nicht!

WANDERTHERAPIE & STERNENWELLNESS

Vom Sealink Fährterminal *(sealink.co.nz)* im **Wynyard Quarter** in **1 Auckland** ➤ S. 51 *bringt dich die Fähre früh am Morgen in 4,5 Std. durch den Hauraki Gulf bis nach* **2 Tryphena,** Hauptort von Great Barrier. Die Mietwagenfirmen kommen zum Hafen. Die **Shoal Bay Pottery** *(Shoal Bay Road)*, erster Anlaufpunkt ca. drei Minuten von der Anlegestelle entfernt, hat schönes Kunsthandwerk aus Ton und Strandgut. Für eine Stärkung geht's weiter bis **Stonewall Village,** Tryphenas Minizentrum mit dem größten der drei Inselläden und ein paar Restaurants. Nett ist das **Pa Beach Café.** Dann steuerst du **3 Medlands Beach** an. Die Siedlung am langen Strand liegt *10 Minuten entfernt auf der Ostseite der Insel.* Sand, Wellen und ein paar Ferienhäuser – Idylle pur. Für zwei Nächte checkst du in der **Medlands Beach Lodge** *(medlandsbeachlodge.com)* ein, einem gepflegten B&B mit Strandblick. Vicky vom **Waiora**

TAG 1
1 Auckland
90 km
2 Tryphena
10 km
3 Medlands Beach

Beach Retreat *(53 Sandhills Road | Tel. 09 4 29 01 29 | waiorabeachretreat.nz)* hilft dir, beim dreistündigen **Nature Forest Therapy Walk** *(75 NZ$)* mit allen Sinnen und barfuß die Natur rund um Medlands zu erkunden. Nach Einbruch der Dunkelheit zählst du mit den Sternbotschaftern von **Good Heavens** *(90 NZ$ | Medlands Beach | Tel. 09 4 29 08 76 | goodheavens.co.nz)* Sternschnuppen. The Barrier ist seit 2017 eins von drei Dark Sky Sanctuarys weltweit; fernab von jeglichem Lichtsmog siehst du vor lauter Sternen den Himmel fast nicht mehr. Mit Riesenteleskop!

TAG 2

12 km

❹ Claris

8 km

❺ Awana Bay

9 km

❻ Windy Canyon

12 km

❼ Port Fitzroy

33 km

❽ Medlands Beach Lodge

DIE WINDIGE SCHLUCHT ERKLIMMEN

Starte den Tag mit einem Bad, einem Surfgang oder Spaziergang am Medlands Beach, *dann geht's ab in den einsamen Norden.* Unterwegs in ❹ **Claris** Vorräte kaufen, dort gibt es einen Laden und das Café **My Fat Puku** *(Facebook: myfatpuku)* für einen guten Kaffee zwischendurch. *Rechts abbiegen auf die Gray Road, nach 10 Min. kommt die* ❺ **Awana Bay,** wieder so eine Traumbucht zum Schwimmen und Entspannen. Danach weiter bis zum Startpunkt einer 15-minütigen Kurzwanderung zum ❻ **Windy Canyon.** *Langsam fahren, sonst verpasst du das Schild auf der linken Seite!* Treppen führen hinauf in die von steilen Felswänden umgebene Schlucht, durch die der Wind fegt. *Unbedingt bis zum grandiosen Ausblick gehen!* Anschließend fährst du weiter nach ❼ **Port Fitzroy,** einem wunderschönen, geschützten Naturhafen mit dem dritten Laden der Insel. Beim Walk durchs **Glenfern Sanctuary** *(50 NZ$ | Glenfern Road | Tel. 09 4 29 00 91),* ein Gehege mit einheimischen Pflanzen und Vögeln, lohnt sich eine Führung. Vorbuchen! Abends nimmst du denselben Weg zurück zur ❽ **Medlands Beach Lodge.**

Der Weg zum Windy Canyon ist steil, der Belohnungsblick aber grandios

VOM BOARD IN DEN BUSCH

Am letzten Tag erkundest du in **❾ Whangaparapara** mit dem SUP-Board die Westküste, zu mieten am Ufer bei **Shiny Paua Stand** *(25 NZ$/Std. | Tel. 09 4 29 06 03).* Danach wirfst du einen Blick in die alte **Walfangstation** am Steg, mit Informationen über Neuseelands unrühmliche Zeiten des Walfangs. *Es geht wieder die gleiche Straße zurück. Nach 3,5 km beginnt linker Hand die 45-minütige* **Buschwanderung** zu den **❿ Kaitoke Hot Springs,** natürlichen Thermalquellen mitten im Busch. Badesachen mitnehmen! *Anschließend fährst du in ca. 40 Minuten zurück nach* **⓫ Tryphena,** um 15

TAG 3

14 km

❾ Whangaparapara

9 km

❿ Kaitoke Hot Springs

19 km

⓫ Tryphena

92 km

➊ Auckland

Uhr legt die Fähre nach ➊ Auckland ab. Check-in ist um 14 Uhr und Ankunft im Wynyard Quarter gegen 19.30 Uhr, perfektes Timing für ein Abendessen in dem hippen Hafenviertel.

❸ ART DÉCO & WEIN – RADTOUR RUND UM NAPIER

- In die Epoche des Art déco eintauchen
- Mit dem Fahrrad Weingüter entdecken
- Pinguine füttern und Rochen bestaunen

Start: Napier City Bike Hire

Ziel: Napier City Bike Hire

Strecke: 36 km

Dauer: 4–6 Stunden, reine Fahrzeit 2¼ Stunden

Kosten: rund 120 NZ$/Pers. inkl. Fahrradmiete, Lunch, Eintritt

Rad vorbuchen bei ➊ **Napier City Bike Hire** *(117 Marine Parade | Tel. 0800 24 53 44 | bikehirenapier.co.nz)* gegenüber der i-Site mit flexiblen Pick-up-/Drop-off-Zeiten

Die Route ist größtenteils als *Napier City Loop* mit weißen Wegweisern beschildert. Dazu vorher die App *Napier Art déco* runterladen mit Details zur Architektur.

Tisch im ❾ **Mission Estate** reservieren unter Tel. *06 8 45 93 54*!

➊ Napier City Bike Hire

0,5 km

➋ ASB Bank

0,2 km

BANKEN, HÜTTEN, MEERJUNGFRAUEN

Hol dir dein Rad bei ➊ Napier City Bike Hire *auf der Marine Parade gegenüber der i-Site ab.* Zum Auftakt gibt's einen kunstvollen Schlenker durch die City. Die App *Napier Art déco* erklärt dir die wichtigsten Bauten. *Wechsel die Straßenseite und radel ein Stück in südlicher Richtung, dann rechts in die Albion Street und sofort wieder rechts in die Hastings Street. Nach ca. 200 m* taucht mit der ➋ ASB Bank das erste tolle historische Gebäude auf. Reingehen und die Augen

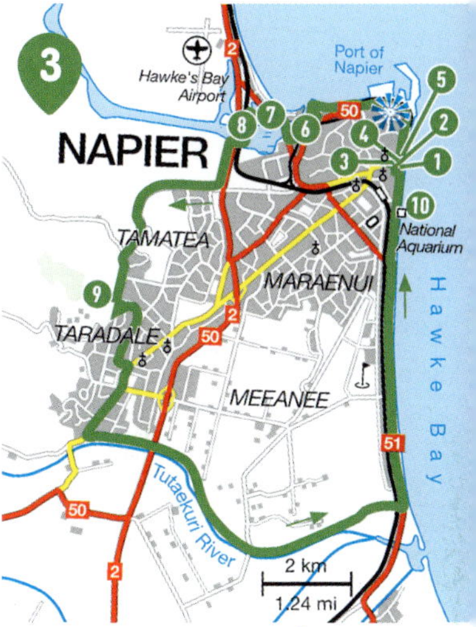

gen Himmel richten: eine einzigartige Mischung aus Maori-Symbolen und Art déco schmückt die Decke. *Anschließend biegst du links ab auf die Tennyson Street.* Leg einen Fotostopp am ❸ **Daily Telegraph Building** ein. Dreh dich um und passiere fast am Ende der Tennyson Street noch das hübsche **Masonic Hotel,** bevor du gegenüber im ❹ **Art déco Shop** *(tgl. 9–17 Uhr | 7 Tennyson Street)* das epochengerechte Angebot an Krimskrams, Hüten und Büchern begutachtest. *Überquer die Marine Parade, dann geht's links auf dem Radweg* immer am Wasser entlang, vorbei an der ❺ **Pania of the Reef,** der Skulptur einer Maori-Meerjungfrau. *Ab hier einfach den Schildern des Napier City Loop folgen*, durch das geschäftige Hafengebiet Ahuriri rollen, wo du nach gut 4 km einen Kaffeestopp im originellen ❻ **Shed 2** *(1 Lever Street | shed2.co.nz)* einlegst.

GUTE AUSSICHTEN FÜR VOGELKUNDLER

Folg danach dem Radweg über die Brücke, mitten durchs Feuchtgebiet mit vielen einheimischen Vögeln, die du von zwei ❼ **Beobachtungsposten** aus ins Auge fassen kannst. *Anschließend Kehrtwende links auf die Embankment Road und immer geradeaus auf dem Ahuriri Estuary Walk*, vorbei an einer ❽ **Tafel mit interessanten Infos zum Erdbeben von 1931.** Es wird ländlicher, links Felder und rechts der Kanal. Nach einer ganzen Weile kommen die ersten Weinberge in Sicht, und damit du nicht vom Sattel fällst, gönnst du dir eine Stärkung begleitet von einem ausgezeichneten Wein im netten ❾ **Mission Estate** *(198 Church Street | missionestate.co.nz | €€).*

Radel weiter auf dem Napier City Trail mitten durch begrünte Kleinstadtatmosphäre. Jetzt machst du richtig Strecke. Im Riverside Park geht es durch grüne Flussauen entlang des Tutaekuri River und endloser Wein-

❸ Daily Telegraph Building
0,1 km
❹ Art déco Shop
0,5 km
❺ Pania of the Reef
4,3 km
❻ Shed 2
1,5 km
❼ Beobachtungsposten
0,8 km
❽ Infotafel zum Erdbeben von 1931
7 km
❾ Mission Estate

20 km

⑩ New Zealand National Aquarium

1,2 km

① Napier City Bike Hire

reben, bis du wieder am Meer bist, wo das Cape Kidnappers ➤ S. 52 mit seinen weißen Sandsteinfelsen in der Ferne erstrahlt. Mit etwas Glück rollst du nun mit Rückenwind entlang des Wassers bis zum ⑩ New Zealand National Aquarium *(tgl. 9–17 Uhr | 24, Kinder 12 NZ$ | 546 Marine Parade | nationalaquarium.co.nz)*, wo du Pinguine füttern und Haie bestaunen kannst. Von dort kehrst du *geradeaus am Meer entlang* zu deinem Ausgangspunkt ① Napier City Bike Hire zurück, wo du das Rad wieder abgibst.

④ WILDLIFE-TOUR DURCH DIE CATLINS

- ➤ Pinguine aus dem Meer hüpfen sehen
- ➤ Surfen mit Hector-Delfinen
- ➤ Einsamkeit an menschenleeren Traumstränden erleben

Start: Dunedin | Ziel: Porpoise Bay

Strecke: 310 km | 4 Tage, reine Fahrzeit 8½ Stunden

Kosten: ca. 850 Euro für 2 Pers. (Unterkunft, Verpflegung, Mietwagen, Benzin, Surfkurs)
Mitnehmen: Fernglas, Outdoorkleidung
Seelöwen können sich an Land erstaunlich schnell bewegen. Halt den gebotenen Sicherheitsabstand und versperr ihnen niemals den Fluchtweg zum Meer! Auch Pinguine fühlen sich schnell gestört, wenn man ihnen zu nah kommt.
Zugang zu den ⑬ **Cathedral Caves** nur bei Ebbe möglich

TAG 1

① Dunedin

100 km

② Kaka Point

BRÜLLENDE BUCHTEN MIT WILDEN STRÄNDEN

Von ① Dunedin ➤ S. 99 aus *fährst du Richtung Süden.* Am frühen Nachmittag erreichst du den Küstenort ② Kaka Point. Bezieh dort für zwei Nächte ein Crib,

wie die Kiwis ihre einfachen, günstigen Ferienhäuser nennen, z. B. das **Campbell Reef Cottage** *(kakapointholidayhomes.co.nz)* oder die **Nugget Lodge** *(nuggetlodge.co.nz)* direkt am Meer bzw. auf Klippen am Strand. Anschließend machst du einen Abstecher zur ❸ **Roaring Bay** *weiter südlich.* Von Unterständen aus kannst du dort Gelbaugenpinguine beobachten, die bei der Dämmerung aus dem Meer ans Ufer hüpfen. Tipp: Informier dich vorher telefonisch beim **Catlins Info Center** *(Tel. 03 4 15 83 71 | catlins.org.nz)* über die aktuellen Zeiten. Zurück in ❹ **Kaka Point** gibt's Fish & Chips aus fangfrischem Blue Cod in **The Point Café** *(tgl. 9–18 Uhr | 58 Esplanade)* auf die Hand. Nimm dir dein Paket mit zum **Strand** und iss es an einem der Holztische.

9 km
❸ Roaring Bay

8 km
❹ Kaka Point

SEEHUNDE UNTER DIR, ALBATROSSE ÜBER DIR

Wander morgens entlang der Klippen zum ❺ **Leuchtturm am Nugget Point** und blick von oben auf die im Meer verstreuten Felsen (Nuggets) und zu einer **Seehundkolonie** mit mehr als 500 Tieren hinab. Mit ein bisschen Glück segeln Albatrosse über deinen Kopf hinweg oder es tauchen seltene

TAG 2
9 km
❺ Leuchtturm am Nugget Point

9 km

❻ Kaka Point

3 km

❼ Strand von Short Bay

Seeelefanten aus dem Meer auf. Den Rest des Tages verbringst du an den Stränden von Kaka Point und bereitest dein Abendessen selbst in deinem Crib in ❻ **Kaka Point** zu, denn außer Fish & Chips hat der Ort kulinarisch nichts zu bieten. Bevor es dunkel wird, ist noch Zeit für einen Spaziergang am einsamen ❼ **Strand von Short Bay** voller Treibholz *an der 10 km langen Küstenstraße zwischen Kaka Point und Nugget Point.* Abends ist nix mit Ausgehen, dafür bist du unter dem glitzernden Sternenhimmel ganz allein mit dem Universum.

TAG 3

36 km

❽ Purakaunui Bay

11 km

❾ Purakaunui Falls

NATUR ZUM SÜCHTIGWERDEN

Am nächsten Tag geht's *südwärts nach* ❽ **Purakaunui Bay.** Die Natur ist dort ganz großes Kino: Die einsame Bucht wird von Seelöwen beherrscht, von hohen Klippen und Dünen eingerahmt. Das macht das Baden in der Brandung besonders abenteuerlich. *Wenige Autominuten ins Landesinnere hinein* stürzen sich die ❾ **Purakaunui Falls** über mehrere Kaskaden im dichten Regenwald 20 m in die Tiefe. *Von*

Kleiner Turm mit Riesenaussicht auf den Sonnenaufgang: Nugget Point in den Catlins

einem Parkplatz aus erreichst du die Wasserfälle zu Fuß in ca. zehn Minuten. Zurück an der Küste in ⑩ **Papatowai** bestaunst du in der **Lost Gypsy Gallery** *(Do–Di 10–17 Uhr | Papatowai Highway | thelostgypsy.com)* in einem umgebauten Bus die schrägen Kunstwerke von Künstler Blair Somerville aus Treibholz, Muscheln und Draht. *Entlang der Southern Scenic Route fährst weiter nach Tautuku. Von dort wanderst du rund um den Spiegelsee* ⑪ **Lake Wilkie,** der von bis zu 50 m hohen Podocarp-Bäumen umgeben ist. Am Abend *geht's ins Landesinnere* zum Öko-Retreat ⑫ **Mohua Park** *(catlinsmohuapark.co.nz)* in Tawanui, wo du in Luxus-Cottages mit Blick übers Catlins River Valley übernachtest. Vorm Schlafengehen unbedingt auf einem der **Bush Walks** *(ca. 20 Min.)* in den Regenwald vor der Tür eintauchen! Im dichten Grün ist das Neuseeland der ersten Maori noch lebendig: *Wood pigeons* flattern durch Riesenfarne, und zwischen mit Moos bewachsenem Geäst ragen über 1000 Jahre alte *Matai Trees* wie Säulen in die Höhe.

17 km
⑩ Papatowai
6 km
⑪ Lake Wilkie
29 km
⑫ Mohua Park

ABSCHIED NEHMEN MIT EINEM WELLENRITT

Nach dem Frühstück geht es zu den ⑬ **Cathedral Caves,** 30 m hohen Felshöhlen am Waipati Beach. *Vom Parkplatz aus führt ein 1 km langer Pfad an den Strand.* Die Höhlen nur bei Ebbe betreten! Mittags kehrst du im ⑭ **Niagara Falls Café** *(tgl. 10–17 Uhr | 256 Niagara-Waikawa Road | Tel. 03 2 46 85 77 | niagarafallscafe.co.nz | €)* in Niagara ein. Spezialität ist Räucherlachs von Stewart Island – und auch sonst wird nur mit lokalen Zutaten gekocht. Deine nächste Station ist ⑮ **Curio Bay.** Bei Ebbe kommen dort die Reste eines 180 Mio. Jahre alten versteinerten Walds, des **Jurassic Petrified Forest,** zum Vorschein – und auch Gelbaugenpinguine lassen sich oft blicken. ⑯ **Porpoise Bay** *gleich nebenan* ist ideal für Surfanfänger *(Catlins Surf | 4 Std. Board und Anzug 55 NZ$ | catlins-surf.co.nz).* Wenn du es schaffst, aufrecht auf dem Board zu stehen, und dann noch Hector-Delfine neben dir durchs Wasser tauchen, war dein Catlins-Trip perfekt!

TAG 4
37 km
⑬ Cathedral Caves
26 km
⑭ Niagara Falls Café
9 km
⑮ Curio Bay
2 km
⑯ Porpoise Bay

GUT ZU WISSEN

DIE BASICS FÜR DEINEN URLAUB

ANKOMMEN

ANREISE

Links oder rechts herum? Neuseeland erreichst du in beiden Richtungen um den Erdball. Die reine Flugzeit beträgt je nach Route rund 24 Stunden. Du kannst aus An- und Abreise auch eine Weltreise machen. *Air New Zealand (airnewzealand.com)* etwa bietet Flüge über Asien hin und über die USA zurück an. Bei der Buchung kannst du angeben, wo du deine Reise unterbrechen willst. Etwa in Singapur, L. A. oder auf den Pazifikinseln. Tipp: In der Premium Economy der Airline reist du ähnlich komfortabel wie in der Business Class. Je nach Verfügbarkeit kannst du beim Check-in auch einen Twin Seat in der regulären Economy Class kaufen, der dir garantiert, dass der Sitzplatz neben dir frei bleibt (nicht auf allen Flügen verfügbar). Wer sich während des Flugs ausstrecken will, bucht eine Skycouch in der Economy Class: eine Sitzreihe mit drei Plätzen, die sich mit hochklappbaren Beinstützen in eine Liegefläche verwandelt, auf der ihr zu zweit nebeneinander liegen könnt. Ab 2024 hält Air NZ sogar Etagenbetten bereit. Mit *Emirates (emirates.com)* fliegst du erst nach Dubai (6,5 Std.) und von dort in etwa 17 Stunden mit kurzem Zwischenstopp in Australien (z. B. Sydney oder Melbourne) nach Neuseeland.

+ 12 Stunden Zeitverschiebung

zwischen Ende Oktober und Ende März; + 10 Stunden zwischen Anfang April und Ende September, dazwischen je 11 Stunden

Stilechte Anreise: im Great-Gatsby-Cabrio beim Art-déco-Hotel Masonic in Napier vorfahren

Adapter Typ I

am Flughafen, an Tankstellen oder in Geschäften wie The Warehouse

Dabei unterhält dich das Board Entertainment der Airline mit besonders vielen Filmen und Spielen. Angenehm ist die Anreise mit Zwischenstopp in Singapur mit *Singapore Airlines (singaporeair.com)*. Viel Beinfreiheit bietet *Qatar Airways (qatarairways.com)* in der Economy Class auf Flügen nach Auckland. Nach einem Zwischenstopp in Doha (oft sogar mit kostenloser Hotelübernachtung) reist du auf einem der längsten Flüge der Welt (16,5 Std.) durch zehn Zeitzonen bis nach Neuseeland. Einen günstigen Flug hast du erwischt, wenn du zwischen 1100 und 1500 Euro für Hin- und Rückreise in der Economy Class zahlst.

AUSKUNFT

100 % Pure New Zealand (newzealand.com), die offizielle Reisewebsite Neuseelands, informiert auch auf Deutsch über alle Ziele des Lands und gibt ausführliche Tipps zum Herumreisen.

EINREISE

Dein Reisepass muss bei der Einreise noch mindestens drei Monate über den vorgesehenen Aufenthaltszeitraum hinaus gültig sein. Außerdem müssen Besucher einen Covid-19-Impfnachweis erbringen und ein *Electronic Travel Authority (ETA)* beantragen. Dann ist ein Aufenthalt von bis zu drei Monaten möglich. Zudem muss jeder internationale Besucher eine Gebühr *(levy)* für den Erhalt der touristischen Infrastruktur und den Schutz der Umwelt von ca. 35 NZ$ zahlen. ETA und *levy* können gleichzeitig vor Einreise online bezahlt werden. Achtung: Bei einem Zwischenstopp in den USA benötigst du einen elektronischen Reisepass und musst vor Reiseantritt eine ESTA-Autorisierung einholen. Wer in Asien einen Zwischenstopp einlegt, braucht einen Reisepass, der noch mindestens sechs Monate gültig ist.

KLIMA & REISEZEIT

Neuseeland ist den Launen des Ozeans ausgesetzt. Stell dich deshalb auch im Sommer (Dez.–Feb.) auf plötzliche Wetterumschwünge ein. Regenkleidung, Mütze und Daunenjacke gehören unbedingt ins Gepäck (v.a., wenn du auf der Südinsel unterwegs bist). Das Klima im Norden der Nordinsel ist subtropisch und im Süden mit dem Mitteleuropas vergleichbar. Die beste Reisezeit ist während des neuseeländischen Sommers. Der neuseeländische Winter beginnt im Mai/Juni und endet im Oktober. Die Skisaison auf der Nord- und Südinsel dauert von Juli bis September.

ZOLL

Pro Person dürft ihr z.B. 4,5 l Wein und 50 Zigaretten einführen. Zum Schutz der neuseeländischen Flora und Fauna müsst ihr bei der Einreise Lebensmittel, Pflanzen, Saatgut und Tierprodukte deklarieren. Sogar Äpfel! Auch Campingausrüstungen und Wanderstiefel, an denen Erde haftet, sind anzumelden. Kehrt ihr zurück in die EU, dürft ihr z.B. 200 Zigaretten, 4 l Wein und Geschenke bis zu einem Wert von 430 Euro dabeihaben.

GRÜN & FAIR REISEN

Du willst beim Reisen deine CO_2-Bilanz im Hinterkopf behalten? Dann kannst du deine Emissionen kompensieren *(atmosfair.de; myclimate.org)*, deine Route umweltgerecht planen *(routerank.com)* oder auf Natur und Kultur *(gate-tourismus.de)* achten. Mehr über ökologischen Tourismus erfährst du hier: *oete.de* (europaweit); *germanwatch.org* (weltweit).

WEITER-KOMMEN

AUTO

In Neuseeland herrscht Linksverkehr. Wenn du in einen Kreisverkehr einfährst, musst du also nach rechts schauen. Über die wichtigsten Verkehrsregeln informiert *drivesafe.org.nz* auch in deutscher Sprache. Weil es meist nur eine Fahrbahn pro Richtung gibt, dauern Fahrten oft länger als gedacht. Deine Route kannst du mit dem Fahrzeitrechner der offiziellen Neuseeland-Website *newzealand.com* berechnen. Die Höchstgeschwindigkeit auf Highways beträgt 100 km/h, in Ortschaften 50 km/h. Telefonieren am Steuer ist verboten, mehr als 0,5 Promille Alkohol im Blut haben auch. Zum Fahren benötigst du einen internationalen Führerschein oder zusätzlich zu deinem Führerschein eine beglaubigte Übersetzung (z.B. vom ADAC).

INLANDSREISEVERKEHR

Binnenflüge bieten *Air New Zealand (airnewzealand.com)* und *Jetstar (jet*

FESTE & EVENTS
RUND UMS JAHR

JANUAR
Glenorchy Race Day (Lake Wakatipu**):** Pferderennen mit Rodeo und Volksfestatmosphäre am Nordende des Sees. *glenorchyinfocentre.co.nz*

FEBRUAR
Splore (Tapapakanga Regional Park): Musikfestival in Küstenlage südlich von Auckland. Drei Tage lang kostümiert abrocken und campen. *splore.net*

MÄRZ
Wildfoods Festival (Hokitika): Volksfest der Völlerei mit abenteuerlichen Leckereien wie Huhu-Wurm-Sushi in an der West Coast. *wildfoods.co.nz*

APRIL
Graperide (Marlborough): Radrennen mit Weinproben über traumhafte, aber haarsträubende 101 km. *graperide.co.nz*

Bread & Circus Festival (Christchurch): Straßenkunst-Festival mit Foodtrucks und Riesenrad. *breadandcircus.co.nz*

JUNI/JULI
Matariki: das Maori-Neujahr mit vielen kulturellen Veranstaltungen im ganzen Land (Foto). *matarikifestival.org.nz*

SEPTEMBER
World of Wearable Art (WOW) Awards Show (Wellington): kreative Modeshow und gleichzeitig Designwettbewerb. *worldofwearableart.com*

OKTOBER
Wellington Jazz Festival: die kleine Hauptstadt ganz groß im Zentrum des Jazz – drei Tage mit zig Musikern aus der ganzen Welt. *jazzfestival.co.nz*

DEZEMBER
Rhythm & Vines (Gisborne): mehrtägiges Musikfestival in den Weinbergen. Party bis zum weltweit ersten Sonnenaufgang des neuen Jahres. *rhythmandvines.co.nz*

Rhythm & Alps (Cardrona Valley): das Schwester-Event in den Bergen in Wanaka. *rhythmandalps.co.nz* *star.com)* an. Ein Flug z. B. von Auckland nach Christchurch kostet je nach Reisezeit zwischen 120 und 170 NZ$. Fernzüge fahren nur zwischen Auckland und Wellington *(Northern Explorer)*, Christchurch und der Westküste *(TranzAlpine)* oder von Picton nach Christchurch *(Coastal Pacific)*. Infos und Buchungen für alle auf *greatjourneysofnz.co.nz*. Wer kein Auto hat, ist deshalb auf Busse angewiesen. Ein weit verzweigtes Streckennetz im ganzen Land hat *Intercity (intercity.co.nz)*. Die Strecke Auckland–Wellington kostet z. B. ca. 63 NZ$. Für Backpacker eignen sich Hop-on-Hop-off-Busse, aus denen man jederzeit aus- und wieder einsteigen kann. *Kiwi Experience (kiwiexperience.com)* und *Stray Travel (straytravel.com)* bieten günstige Tickets, die über verschieden lange Zeiträume flexibel genutzt werden können.

Zwischen Nord- und Südinsel verkehren zwei Fähren. In ca. 3,5 Std. bringt dich die *Bluebridge Ferry (bluebridge.co.nz)* oder der *Interislander (greatjourneysofnz.co.nz)* von Wellington nach Picton. Inseln wie Stewart Island, Waiheke oder Great Barrier Island erreichst du ebenfalls mit Fähren.

MIETWAGEN & WOHNMOBILE

Das übliche Mindestalter, um ein Auto zu mieten, beträgt 21 Jahre. Wer ein Auto mieten will: Ein Mittelklassemodell kostet ca. 80 NZ$/Tag z. B. bei *Europcar (europcar.co.nz)* oder *GoRentals (gorentals.co.nz)*. Dein Wohnmobil solltest du möglichst mehrere Monate vor Abflug buchen, denn die Nachfrage ist v. a. im Sommer hoch. Dann kann ein Tag im Camper schon mal teurer sein als die Kombination aus Hotel und Mietwagen (oft mehr als 300 NZ$/Tag). Faire Preise bieten *EuroCamper (eurocamper.co.nz)* und *Wendekreisen (wendekreisen.co.nz)*. Eine Art Airbnb für Besitzer von Campingbussen ist *Share A Camper (shareacamper.com)*, die ihre Fahrzeuge privat verleihen. *Nomad Campervans (nomadnz.com)* hat sich auf VW-Busse spezialisiert. Wer sich nicht durch die unzähligen Angebote der Wohnmobilverleiher klicken will: Die Campervan-Vermittlung *Camper Oase (camperoase.de)* vermittelt mit viel Know-how von Deutschland aus günstige Wohnmobile unterschiedlichster Anbieter. Die Größen der Vans reichen von kleineren Hi-Top-Campern für 2–3 Personen bis zu Wohnmobilen mit sechs Betten. Achte bei der Buchung auch auf das Zertifikat „self contained". Das steht für „eigenständig" und bedeutet, dass dein Fahrzeug über eine Toilette und einen Abwassertank verfügt – Voraussetzung für das Übernachten auf kostenlosen *Freedom Campsites*. Wer unterwegs nicht aufs Internet verzichten will, kann bei einigen Anbietern WiFi an Bord mit dazubuchen.

IM URLAUB

CORONA-AMPELSYSTEM

Zum Schutz der Bevölkerung vor dem Coronavirus hat die neuseeländische Regierung ein Ampelsystem eingeführt, das sich an der jeweiligen Inzidenz orientiert. Steht die Ampel auf Rot, gilt in allen Innenräumen eine Maskenpflicht. Reisen innerhalb des Landes, der Besuch von Restaurants und die Übernachtung in Hotels sind unter Einhaltung der Abstandsregeln trotzdem erlaubt. Wer sich mit dem Corona-Virus infiziert, muss sich für sieben Tage lang isolieren. Steht die Ampel auf Orange, gilt ebenfalls in vielen Innenräumen eine Maskenpflicht. Bei Grün gibt es keinerlei Restriktionen. Touristen wird empfohlen, während ihres Aufenthalts die *NZ Covid Tracer App* zu benutzen, um ihre Kontakte nachzuverfolgen. *covid19.govt.nz/traffic-lights*

FEIERTAGE

1. Jan.	*New Year*
6. Feb.	*Waitangi Day*
März/April	*Good Friday/Easter Monday* (Karfreitag/Ostermontag)
25. April	*ANZAC Day* (Kriegsopfer-Gedenktag)
1. Mo im Juni	*Queen's Birthday*
4. Mo im Okt.	*Labour Weekend*
25. Dez.	*Christmas Day* (1. Weihnachtstag)
26. Dez.	*Boxing Day* (2. Weihnachtstag)

GELD & DEVISEN

Geld kannst du bequem mit deiner Kreditkarte oder EC-Karte mit Maestro-Logo an Automaten überall im Land abheben (die Gebühren hängen dabei von der jeweiligen Bank ab). Kunden der Deutschen Bank zahlen z. B. bei der Westpac Bank keine Gebühren. Visa- oder MasterCard werden so gut wie überall im Land als Zahlungsmittel akzeptiert.

INTERNET & WLAN

In allen größeren Ortschaften ist die Netzabdeckung gut. In der Wildnis bist du jedoch meist nicht nur vom Weltgeschehen, sondern auch vom Internet abgeschnitten. Ein „WiFi für die Hosentasche" kann sich lohnen, wo es keine öffentlichen Hotspots gibt: Eine Prepaid-SIM-Karte von *2Degrees* mit 1 GB Datenvolumen gibt es für etwa 20 NZ$. Mit der *NZ Travel Card* von Spark bekommst du für 99 NZ$ zwei Monate lang bis zu 8 GB Datenvolumen plus tgl. 1 GB, wenn du dich in einer von über 1000 *Free Spark WiFi Zones* im Land aufhältst (achte auf die pinkfarbenen Telefonzellen). In den meisten Unterkünften des Landes ist das Internet mittlerweile gratis, und auch in Büchereien, den meisten i-Sites *(Visitor Information)* und in vielen Cafés kommst du kostenlos ins Netz. Eine Landkarte mit allen kostenlosen WiFi-Hotspots findest du auf *wifispc.com*.

VORSICHT, BISSIG!

Wer Neuseeland Australien vorzieht, „weil es da nicht so viele gefährliche Tiere" gibt, hat nicht mit der Sandfliege gerechnet. Die treibt v. a. an der West Coast der neuseeländischen Südinsel und im Fiordland ihr Unwesen. Das Gemeine: Sandflys sind so winzig, dass man sie kaum bemerkt, aber dafür jucken ihre Bisse tagelang. Da hilft nur, auch an warmen Tagen lange Hosen und langärmelige Tops zu tragen und sich mit dem Moskitospray *Deet* einzusprühen. Oder nur bei Regen oder Sturm nach draußen zu gehen. Schlechtes Wetter mögen die Biester nämlich gar nicht.

ÖFFNUNGSZEITEN

Die meisten Geschäfte sind Mo–Fr 9–17 und wochenends 11–16 Uhr geöffnet, große Supermarktketten wie Countdown, Pak 'n Save oder New World meist die ganze Woche über bis 22 Uhr.

POST

Eine Postkarte nach Europa kostet 2,80 NZ$ und ist 6–10 Tage unterwegs. Ein Brief kostet 3,60 NZ$.

TELEFON & HANDY

Es gibt vier Mobilfunkanbieter in Neuseeland: *Vodafone (vodafone.co.nz)*, *2Degrees (2degreesmobile.co.nz)*, *Spark (spark.co.nz)* und *Skinny (skinny.co.nz)*. Z. B. bei The Warehouse kannst du dir eine SIM-Card des entsprechenden Anbieters gleich in dein Handy einsetzen lassen kannst. Damit telefonierst du günstig innerhalb Neuseelands.

Vorwahl nach Deutschland 0049, Österreich 0043, in die Schweiz 0041. Vorwahl nach Neuseeland: 0064, dann ohne Vorwahl-Null weiter

TRINKGELD

In Neuseeland ist es nicht üblich, Trinkgeld zu geben. Beim Verlassen des Restaurants zahlst du am Tresen.

ÜBERNACHTEN

Eine große Auswahl an Ferienhäusern findest du unter *bookabach.co.nz* und *holidayhouses.co.nz*. Wer mit dem Wohnmobil oder Zelt unterwegs ist, findet drei verschiedene Arten von Campingplätzen. Es gibt privat geführte *campsites*, die über Gemeinschaftsküchen und oft auch über komfortable Hütten für mehrere Personen verfügen *(Stellplatz ca. 25 NZ$/Pers | nzcamping.com)*. Die rund 200 Campingplätze des Department of Conservation (DOC) sind wesentlich günstiger und befinden sich an abgelegenen Orten mitten in der Natur *(ab 10 NZ$/Pers.)*. Die Ausstattung variiert stark – die *serviced campsites* mit Kochmöglichkeiten, Duschen und Toiletten können beim DOC Visitor Centre der jeweiligen Region reserviert werden. Die *campsites* der Kategorien *scenic*, *standard* und *basic* verfügen meist nur über Plumpsklos und einen Wasserhahn mit kaltem Wasser und können vorher nicht reserviert werden (sind aber günstiger, gelegentlich sogar gratis). Infos auf *doc.govt.nz*. Kostenlos sind die Freedom-Campingplätze im ganzen Land, die jedoch nur von Wohnmobilen mit eigener Toilette und Abwassertank genutzt werden dürfen. Infos unter *freedomcamping.org*. Einzigartige Hütten und Glampingzelte in der Wildnis vermittelt *Canopy Camping (canopycamping.co.nz)*. Backpacker suchen Unterkünfte auf *yha.co.nz*, *bbh.co.nz* oder *backpackerguide.nz*.

NOTFÄLLE

DIPLOMATISCHE VERTRETUNGEN

Embassy of the Federal Republic of Germany | 90–92 Hobson Street | Wellington | Tel. 04 4 73 60 63 | wellington.diplo.de

Consulate-General of Austria | 75 Ghuznee Street | Wellington | Tel. 04 3 84 14 02 | wellington@austria.org.nz

Embassy of Switzerland | 10 Customhouse Quay | Wellington | Tel. 04 4 72 15 93 | eda.admin.ch/wellington

GESUNDHEIT

Das Auswärtige Amt empfiehlt Reisenden, die Standardimpfungen gemäß aktuellem Impfkalender des Robert-Koch-Instituts für Kinder und Erwachsene anlässlich einer Reise zu überprüfen und zu vervollständigen. Der Covid-19-Impfnachweis ist obligatorisch für die Einreise. Neuseeland hat ein sehr gutes Gesundheitssystem. Sogar Touristen steht nach einem Unfall eine kostenlose Erstversorgung *(accident compensation)* zu. Eine gute Reisekrankenversicherung inkl. Rücktransport im Notfall solltest du trotzdem abschließen.

NOTRUF

Zentrale Notrufnummer 111 (auch vom Handy)

WAS KOSTET WIE VIEL?

Kaffee	3,20 Euro *für einen Flat White*
Souvenir	15 Euro *für ein Paar Merinosocken*
Wein	9,50 Euro *für eine Flasche*
Bacon & Eggs	10 Euro *für eine Portion*
Benzin	1,70 Euro *für einen Liter Super*
Intercity-Bus	43 Euro *Auckland–Wellington einfach*

WETTER IN WELLINGON

Hauptsaison: Jan., Feb., Dez. – Nebensaison: März bis Nov.

	JAN.	FEB.	MÄRZ	APRIL	MAI	JUNI	JULI	AUG.	SEPT.	OKT.	NOV.	DEZ.
Tagestemperaturen	21°	21°	19°	17°	14°	13°	12°	12°	14°	16°	17°	19°
Nachttemperaturen	13°	13°	12°	11°	8°	7°	6°	6°	8°	9°	10°	12°
Sonnenschein Stunden/Tag	8	7	6	5	4	4	4	4	6	6	7	7
Niederschlag Tage/Monat	7	4	5	10	11	14	14	15	10	10	11	10
Wassertemperatur in °C	17°	18°	18°	17°	14°	14°	13°	13°	12°	14°	14°	17°

Hauptsaison / Nebensaison

Sonnenschein Stunden/Tag · Niederschlag Tage/Monat · Wassertemperatur in °C

SPICKZETTEL ENGLISCH

SMALLTALK

ja/nein/vielleicht	yes/no/maybe	jäs/nəu/mäibi
bitte/danke	please/thank you	plihs/θänkju
Wie bitte?	Pardon?	'pahdn?
Gute(n) Morgen!/Tag!/ Abend!/Nacht!	Good morning!/ afternoon!/evening!/ night!	gud 'mohning/aftə'nuhn/ ihwning/nait
Hallo!/Auf Wiedersehen!	Hello!/Goodbye!	hə'ləu/gud'bai
Ich heiße …	My name is …	mai näim is …
Wie heißt du?/Wie heißen Sie?	What's your name?	wots jur näim?
Ich komme aus …	I'm from …	aim from …
Entschuldigen Sie!	Excuse me!	iks'kjuhs mi
Das gefällt mir (nicht).	I (don't) like this.	ai (dəunt) laik Dis
Ich möchte …	I would like to …	ai wudd 'laik tə …

ZEIGEBILDER

ESSEN & TRINKEN

Die Speisekarte, bitte.	The menu, please.	Də 'mänjuh plihs
Könnte ich bitte … haben?	May I have …, please?	mäi ai häw …, plihs?
Messer/Gabel/Löffel	knife/fork/spoon	naif/fohrk/spuhn
Salz/Pfeffer/Zucker	salt/pepper/sugar	sohlt/'päppə/'schuggə
Essig/Öl	vinegar/oil	'viniga/oil
Milch/Sahne/Zitrone	milk/cream/lemon	milk/krihm/'lämən
mit/ohne Eis/ Kohlensäure	with/without ice/gas	wiD/wiD'aut ais/gäs
Vegetarier(in)/Allergie	vegetarian/allergy	wätschə'tärien/'ällədschi
Ich möchte zahlen, bitte.	May I have the bill, please?	mäi ai häw De bill plihs
Rechnung/Quittung	bill/receipt	bill/ri'ssiht
bar/ec-Karte/Kreditkarte	cash/ATM card/ credit card	käsch/äi ti äm kahrd/ krädit kahrd

NÜTZLICHES

Wo ist …?/Wo sind …?	Where is …?/ Where are …?	'weə is…?'weə ahr …?
Wie viel Uhr ist es?	What time is it?	wot 'taim is it?
heute/morgen/gestern	today/tomorrow/ yesterday	tə'däi/tə'morəu/'jästədäi
Wie viel kostet …?	How much is …?	'hau matsch is …
Wo finde ich einen Internetzugang/WLAN?	Where can I find internet access/Wifi?	'weə känn ai faind 'internet 'äkzäss/waifai?
Hilfe!/Achtung!/ Vorsicht!	Help!/Attention!/Caution!	hälp/ə'tänschən/'koschən
Apotheke/Drogerie	pharmacy/chemist	'farməssi/kemist
Fieber/Schmerzen	fever/pain	fihvə/peyn
kaputt/funktioniert nicht	broken/doesn't work	'brəukən/'dasənd wörk
Panne/Werkstatt	breakdown/garage	'bräikdaun/'gärasch
Fahrplan/Fahrschein	schedule/ticket	'skädjuhl/'tikət
0/1/2/3/4/5/6/7/8/9/ 10/100/1000	zero/one/two/three/ four/five/six/seven/ eight/nine/ten/(one) hundred/(one) thousand	'sirou/wan/tuh/θri/fohr/ faiw/siks/'säwən/äit/nain/ tän/('wan) 'handrəd/ ('wan) θausənd

LESESTOFF & FILMFUTTER

THE POWER OF THE DOG

Der bildgewaltige Drama über zwei ungleiche Brüder von Regisseurin Jane Campion erhielt 2022 den Oscar für die beste Regie und wurde u.a. in Dunedin und der Maniototo-Region in Central Otago gedreht.

ABENTEUER MEINES LEBENS

Vom Bienenzüchter zum Bergsteiger: In seiner Autobiografie erzählt Sir Edmund Hillary, geboren 1919 in Auckland, von seinen Wanderungen am Mount Cook, Expeditionen zum Südpol und natürlich von seiner Erstbesteigung des Mount Everest.

WO DIE WILDEN MENSCHEN JAGEN

Abenteuer-Filmkomödie um den Waisenjungen Ricky von 2016 vom neuseeländischen Kultregisseur Taika Waititi („Jojo Rabbit", „Thor") mit magischen Landschaftsaufnahmen und typischem Kiwi-Humor.

DIE GESTIRNE

Der Roman (2015) der Booker-Preisträgerin Eleanor Catton spielt während des Goldrauschs in Hokitika im wilden Westen der Südinsel. Perfekter Lesestoff für den langen Flug nach Neuseeland.

PLAYLIST KIWI-SOUND

0:58

LORDE – ROYALS
Weltweiter Ohrwurm, der 2014 bei den Grammys als Song des Jahres ausgezeichnet wurde

ALDOUS HARDING – THE BARREL
Ruhige Folkmusik – die perfekte musikalische Untermalung für einen Roadtrip durch die Einsamkeit

BENEE – SUPALONELY
2020 stürmte der Lockdownhit der damals 20-jährigen Popsängerin weltweit die Charts.

THE CHILLS – PINK FROST
Indie-Song aus den 1980ern, der den Dunedin Sound mitgeprägt hat

CROWDED HOUSE – DON'T DREAM IT'S OVER
Eine der bekanntesten Pop-Balladen der Achtziger hat der Neuseeländer Neil Finn gesungen.

Den Soundtrack zum Urlaub gibt's auf **Spotify** unter **MARCO POLO** New Zealand

Oder Code mit Spotify-App scannen

AB INS NETZ

CAMPER MATE
Sehr nützliche App mit offline funktionierender Landkarte, auf der alle Campingplätze des Lands verzeichnet sind. Die Infos zu Preisen, sanitären Anlagen und Abwasser-Entsorgungsstellen werden ständig aktualisiert. Auch Buchungen von Stellplätzen

BREADCRUMBS
Geheime Surfspots, versteckte Wasserfälle und Craftbeer-Bars: Die App teilt die Lieblingsorte ihrer User. So entdeckt man Ecken, die man sonst nie gefunden hätte.

UNDER THE RADAR
Die beste Quelle für Neuseelands Musikszene und Gigs von internationalen Stars (undertheradar.co.nz)

GRAB ONE
Günstige Deals für Outdooraktivitäten, Restaurants, Hotels und Spabehandlungen (grabone.co.nz)

JELLY JOURNEYS
Professionelle Videos zweier Reise-Vlogger aus England, die sich bei River-Rafting, Segeln und Heißluftballonfahrten in NZ filmen. (jellyjourneys.com)

TRAVEL PURSUIT

DAS MARCO POLO URLAUBSQUIZ

Weißt du, wie Neuseeland tickt? Teste hier dein Wissen über die kleinen Geheimnisse und Eigenheiten von Land und Leuten. Die Lösungen findest du in der Fußzeile. Und ganz ausführlich auf den S. 22–27.

❶ Was ist typisch für das Rugbyteam All Blacks?

a) Sie singen die Nationalhymne auf Maori
b) Jeder Spieler muss mindestens 100 Kilo wiegen
c) Sie führen vor jedem Spiel einen Kriegertanz auf

❷ Was bedeutet das Wort Kiwi nicht?

a) Kaktus
b) Neuseeländer
c) Vogel

❸ Auf Maori heißt Neuseeland Aotearoa. Was bedeutet das?

a) Land der Winde
b) Land der langen weißen Wolke
c) Land der Farne

❹ Wie hoch ist die Strafe für Wildcamping, wenn man kein Chemieklo dabei hat?

a) 500 NZ$
b) 1000 NZ$
c) 700 NZ$

❺ Wie nennt man den Nasenkuss der Maori?

a) Hangi
b) Hungi
c) Hongi

Wie heißt der Kiwi, wenn er auf Skiern unterwegs ist?

❻ Welche Lebewesen gab es in Neuseeland nicht, bevor Menschen das Land bevölkerten?
a) Vögel
b) Echsen
c) Raubtiere

❼ Seit wann gibt es Tuataras in Neuseeland?
a) seit 2,5 Mio. Jahren
b) seit 225 Mio. Jahren
c) seit 25 Mio. Jahren

❽ Wie viele Bungy-Jumps schaffte Weltrekordhalter Mike Heard in 24 Stunden?
a) 430
b) 280
c) 170

❾ Welchen Job hatte Sir Edmund Hillary, bevor er den Mount Everest bestieg?
a) Schafscherer
b) Bienenzüchter
c) Viehzüchter

❿ Was ist die neuseeländische Nationalpflanze?
a) Pohutukawa
b) Kauri
c) Silberfarn

⓫ Was ist der Beiname Aucklands?
a) City of volcanoes
b) City between the oceans
c) City of sails

⓬ In welcher Stadt kleiden sich die Menschen gern im Stil der 1920er-Jahre?
a) Rotorua
b) Napier
c) Oamaru

REGISTER

LOB ODER KRITIK? WIR FREUEN UNS AUF DEINE NACHRICHT!

Trotz gründlicher Recherche schleichen sich manchmal Fehler ein. Wir hoffen, du hast Verständnis, dass der Verlag dafür keine Haftung übernehmen kann.

MARCO POLO Redaktion • MAIRDUMONT • Postfach 31 51
73751 Ostfildern • info@marcopolo.de

Impressum
Titelbild: Otago, Otago Peninsula, Blick vom Sandymount Recreation Reserve zum Allans Beach (huber-images: R. Mirau)
Fotos: DuMont Bildarchiv: Emmler (129), Schröder/Schwarzbach (39, 96, 117); Getty Images/EyeEm: B. Lucka (32); Getty Imahes: O. Strewe (74); huber-images: M. Breitung (23, 72, 77), J. Foulkes (2/3, 70), M. Rellini (162/163), M. Ripani (140/141), M. Simoni (63), F. Tremolada (28/29); laif: Emmler (34/35, 36/37, 82, 123), Hauser (8/9), Knop (126); laif/Le Figaro Magazine: Fautre (Klappe hinten, 86/87), Martin (30/31); Look: K. Johaentges (152/153), B. van Dierendonck (78); Look/age fotostock (132/133); Look/Axiom (105); Look/Minden Pictures (108); Look/robertharding (91); mauritius images: F. Berlich (69), W. Bibikow (35), R. Mirau (134/135), M. Schindler (130); mauritius images/AA World Travel Library/Alamy (127); mauritius images/age: B. Harrington (52); mauritius images/Alamy (10, T. Cuff (139), G. B. Evans (16/17), B. Harrington III (24), R. Piccioli (13), P. Quayle (55), T. Uhlman (84), K. Vlessis (120); mauritius images/Alamy/Alamy Photo Stock: R. Mogado (102); mauritius images/Alamy/Alamy Stock Photos: R. Armstrong (57), B. Christian (66), I. Dagnall (115), P. Dudek (14/15), B. Scantlebury (144), D. Wall (12, 31); mauritius images/Alamy/Alamy Stock Photos/Danita Delimont Creative (Klappe vorne außen, Klappe vorne außen); mauritius images/Alamy/Alamy Stock Photos/Stockimo: L. Grieveson (155); mauritius images/Alamy/Alamy Stock Photos/Visions from Earth (64); mauritius images/Danita Delimont (107, R. Bishop (101); mauritius images/Hemis.fr: R. Mattes (6/7); mauritius images/imagebroker: M. Rucker (26/27), M. Wolf (110, 150); mauritius images/Minden Pictures/Colin Monteath/Hedgehog-House (124/125); mauritius images/MJ Photography/Alamy (11); mauritius images/Nature in Stock: B. Ooms (92); mauritius images/nature picture library: B. Stephenson (113); mauritius images/Pitopia/PRILL Mediendesign & Fotografie (118); mauritius images/robertharding: N. Clark (42/43), M. Williams-Ellis (47, 49, 59); mauritius images/TPG RF (98); mauritius images/Westend61: J.&N. Boerner (60), H. Spiering (21), G. Wojciech (164/165); A. Tiedemann (167)

15. Auflage 2023, komplett überarbeitet und neu gestaltet

Autorinnen: Katja May, Aileen Tiedemann
Redaktion: Christina Sothmann
Bildredaktion: Gabriele Forst
Kartografie: © MAIRDUMONT, Ostfildern (S. 40–41, 136, 145, 147, 149, Umschlag außen, Faltkarte); © MAIRDUMONT, Ostfildern, unter Verwendung von Kartendaten von OpenStreetMap, Lizenz CC-BY-SA 2.0 (S. 44–45, 51, 81, 88–89, 94, 100)
Als touristischer Verlag stellen wir bei den Karten nur den De-facto-Stand dar. Dieser kann von der völkerrechtlichen Lage abweichen und ist völlig wertungsfrei.
Gestaltung Cover, Umschlag und Faltkartencover: bilekjaeger_Kreativagentur mit Zukunftswerkstatt, Stuttgart; Gestaltung Innenlayout: Langenstein Communication GmbH, Ludwigsburg
Spickzettel: in Zusammenarbeit mit PONS Langenscheidt GmbH, Stuttgart
Texte hintere Umschlagklappe: Lucia Rojas
Konzept Coverlines: Jutta Metzler, bessere-texte.de

Printed in Poland

FSC www.fsc.org MIX Paper | Supporting responsible forestry FSC® C018236

MARCO POLO AUTORIN
AILEEN TIEDEMANN
Aileen Tiedemann schreibt als freie Autorin Reisereportagen für Magazine und Nachrichtenseiten (u. a. Lufthansa Magazin und spiegel.de). Neuseeland hat es ihr besonders angetan, weil ihr Partner ein Kiwi ist. Gemeinsam mit ihrer Tochter bereisen sie das Land regelmäßig und bekommen jedes Mal in Hamburg Fernweh, wenn die All Blacks vor einem Rugbyspiel den Maori-Kriegstanz *Haka* aufführen.

BLOSS NICHT!

FETTNÄPFCHEN UND REINFÄLLE VERMEIDEN

ZU VIEL ERLEBEN WOLLEN

Auch wenn Neuseeland ein „Once in a lifetime"-Trip für dich ist und das Wohnmobil ständig zum Weiterfahren lockt: Bleib ruhig mal mehrere Tage an einem Ort und lass Neuseeland in Ruhe auf dich wirken. Das wechselhafte Wetter macht die Reise sowieso nicht genau planbar.

SEELÖWEN UND PINGUINE STÖREN

Pinguine sind extrem scheu und verschwinden sofort, kommen Menschen ihnen zu nah. Bei Seelöwen ist das Gegenteil der Fall, sie greifen an und beißen, wenn sie sich bedrängt fühlen. Du wirst dich wundern, wie schnell die Tiere an Land sind!

SMALLTALK AUSWEICHEN

Ein kleiner *chat* gehört an der Supermarktkasse, in Cafés oder an Tankstellen dazu. Die Frage „How is your day going?" ist wirklich ernst gemeint. Auf Landstraßen ist es üblich, entgegenkommenden Autos ein *friendly wave* zu geben, indem man den Zeigefinger kurz vom Lenkrad abspreizt.

AN UNBEWACHTEN STRÄNDEN SCHWIMMEN

Vor allem an Surfstränden mit hohen Wellen gibt es oft gefährliche Strömungen. Schwimm deshalb nur in den mit Fahnen gekennzeichneten Abschnitten, die von Rettungsschwimmern bewacht werden.

FLUSSWASSER TRINKEN

Überdüngung und Tierfäkalien (vor allem von Kühen) belasten auch in Neuseeland die Flüsse. Durch Kot gelangt der Giardia-Parasit ins Wasser, der schwere Magen-Darm-Probleme verursachen kann. Flusswasser vor dem Verzehr deshalb immer abkochen!